Aromen aus Thailand

Die Kunst der Thai-Küche

Lara Schneider

Wieder aufnehmen

Garnelen mit Litschisauce 10
Gebratene Garnelen mit Mandarine 11
Garnelen mit Hackfleischsauce 12
Garnelen mit chinesischen Pilzen 13
Garnelen und gebratene Erbsen 14
Garnelen mit Mango-Chutney 15
Gebratene Garnelenfleischbällchen mit Zwiebelsauce 17
Mandarinengarnelen mit Erbsen 18
Peking-Garnelen 19
Garnelen mit Paprika 20
Mit Schweinefleisch gebratene Garnelen 20
Gebratene Garnelen mit Sherrysauce 22
frittierte Sesamgarnelen 23
Gebratene Garnelen mit ihren Schalen 24
Gebratene Garnelen 25
Garnelen-Tempura 26
unter Gummi 26
Tofu-Garnelen 28
Tomatengarnelen 29
Garnelen in Tomatensauce 29
Garnelen mit Tomaten-Chili-Sauce 30
In Tomatensauce gebratene Garnelen 31
Garnelen mit Gemüse 33
Garnelen mit Wasserkastanien 34
Garnelenravioli 35
Abalone mit Hühnchen 36
Abalone mit Spargel 37
Abalone mit Pilzen 38
Abalone mit Austernsauce 39
gedämpfte Muscheln 40
Sojasprossenmuscheln 41
Ingwer- und Knoblauchmuscheln 42

gebackene Muscheln	43
Krabbenkuchen	44
Krabbencreme	45
Chinesisches Krabbenfleisch mit Blättern	46
Crab Foo Yung mit Sojasprossen	47
Ingwerkrabbe	48
Krabbe Lo Mein	49
Gebratene Krabben mit Schweinefleisch	50
Gebratenes Krabbenfleisch	51
Frittierte Tintenfischbällchen	52
Kantonesischer Hummer	53
gebratener Hummer	54
Gedämpfter Hummer mit Schinken	55
Hummer mit Pilzen	56
Hummerschwänze vom Schwein	57
gebratener Hummer	58
Hummernest	60
Muscheln mit schwarzer Bohnensauce	61
Ingwermuscheln	62
Gedämpfte Muscheln	63
Gebackene Austern	64
Austern mit Speck	65
Gebratene Austern mit Ingwer	66
Austern mit schwarzer Bohnensauce	67
Jakobsmuscheln mit Bambussprossen	68
Eierpilger	69
Brokkoli-Jakobsmuscheln	70
Ingwerpilger	72
Jakobsmuscheln mit Schinken	73
Rührei mit Jakobsmuscheln und Kräutern	74
Pilger und Röstzwiebeln	75
Gemüsepilger	76
Paprika-Pilger	77
Oktopus mit Sojasprossen	78
Fritierter Tintenfisch	80
Oktopus-Verpackung	81

Frittierte Tintenfischröllchen 82
fritierter Tintenfisch 83
Oktopus mit getrockneten Pilzen 84
Oktopus mit Gemüse 85
Rindereintopf mit Anis 86
Kalbfleisch mit Spargel 87
Rindfleisch mit Bambussprossen 88
Rindfleisch mit Bambussprossen und Pilzen 89
Geschmortes Rindfleisch nach chinesischer Art 90
Rindfleisch mit Sojasprossen 91
Rindfleisch mit Broccoli 93
Sesamsteak mit Brokkoli 94
Gegrilltes Fleisch 95
Kantonesisches Fleisch 96
Rindfleisch mit Karotten 97
Cashewnussfleisch 98
Slow Cooker für Rindfleisch 99
Rindfleisch mit Blumenkohl 100
Kalbfleisch mit Sellerie 101
Gebratene Rindfleischscheiben mit Sellerie 102
Geschnetzeltes Rindfleisch mit Hühnchen und Sellerie 103
Chilifleisch 105
Rindfleisch mit Chinakohl 106
Kalbsschnitzel Suey 107
Gurkenrindfleisch 109
Fleisch Chow Mein 110
Gurkenbraten 111
Gebratenes Rindfleisch-Curry 113
marinierte Abalone 114
Eintopf aus Bambussprossen 115
Gurkenhuhn 116
Sesame Chicken 117
Ingwer-Litschi 118
Rot gekochte Hähnchenflügel 119
Krabbenfleisch mit Gurke 120
marinierter Pilz 121

Eingelegte Knoblauchpilze 122
Garnelen und Blumenkohl 123
Sesam-Schinkenstangen 124
kalter Tofu 125
Speckhähnchen 126
Hähnchen- und Bananen-Pommes 128
Huhn mit Ingwer und Pilzen 129
Huhn und Schinken 131
Gegrillte Hühnerleber 132
Krabbenbällchen mit Wasserkastanien 133
dimsum 134
Schinken- und Hähnchenröllchen 135
Gebratene Schinkenstrudel 137
pseudogeräucherter Fisch 138
gekochte Pilze 140
Pilze in Austernsauce 141
Schweinebrötchen und Salat 142
Fleischbällchen aus Schweinefleisch und Kastanien 144
Schweineknödel 145
Schweine- und Rindfleischröllchen 146
Schmetterlingsgarnelen 147
Chinesische Garnelen 148
Drachenwolke 149
knusprige Garnelen 150
Garnelen mit Ingwersauce 151
Garnelen- und Nudelröllchen 152
Garnelentoast 154
Schweinefleisch-Garnelen-Wan-Tan mit süß-saurer Soße ... 155
Hühnersuppe 157
Suppe mit Schweinefleisch und Sojasprossen 158
Abalone-Pilz-Suppe 159
Hühner- und Spargelsuppe 161
Brühe 162
Chinesische Rindfleisch-Blatt-Suppe 163
Krautsuppe 164
Scharfe Rindfleischsuppe 165

himmlische Suppe 167
Suppe mit Hühnchen und Bambussprossen 168
Hühner- und Maissuppe.. 169
Hühner-Ingwer-Suppe 170
Hühnersuppe mit chinesischen Pilzen 171
Hühner- und Reissuppe... 172
Hühner-Kokos-Suppe... 173
Muschelsuppe... 174
Eiersuppe 176
Krabben- und Jakobsmuschelsuppe.. 177
Krabbensuppe 179
Fischsuppe 180
Fischsuppe und Salat... 181
Ingwersuppe mit Fleischbällchen 183
heiße und saure Suppe 184
Pilz Suppe 185
Pilz- und Kohlsuppe.. 186
Pilz-Eiersuppe 187
Pilz-Kastanien-Suppe mit Wasser... 188
Schweinefleisch-Pilz-Suppe 189
Suppe mit Schweinefleisch und Brunnenkresse 190
Gurken-Schweinefleischsuppe 191
Fleischbällchen- und Nudelsuppe... 192
Spinat-Tofu-Suppe 193
Zuckermais- und Krabbensuppe 194
Sichuan-Suppe 195
Tofu-Suppe 197
Fisch- und Tofusuppe.. 198
Tomatensuppe 199
Tomatensuppe und Spinatsuppe... 200
Rübensuppe 201
Suppe... 202
vegetarische Suppe 203
Kressesuppe 204
Gebratener Fisch mit Gemüse 205
Ganzer gebratener Fisch 207

Geschmorter Sojafisch 208
Sojafisch in Austernsauce 209
gedämpfter Seebarsch 211
Geschmorter Fisch mit Pilzen 212
süßer und saurer Fisch 214
Mit Schweinefleisch gefüllter Fisch 216
Langsam gegarter, würziger Karpfen 218

Garnelen mit Litschisauce

Für 4 Personen

50 g / 2 oz / ¬Ω pro einzelne Tasse (so)
Mehl
2,5 ml / ¬Ω Teelöffel Salz
1 Ei, leicht geschlagen
30 ml / 2 Esslöffel Wasser
450 g geschälte Garnelen
Frittieröl
30 ml / 2 Esslöffel Arachisöl (Erdnüsse).
2 Scheiben Ingwer, gehackt
30 ml / 2 Esslöffel Essig
5 ml / 1 Teelöffel Zucker
2,5 ml / ¬Ω Teelöffel Salz
15 ml / 1 Esslöffel Sojasauce
200 g Dose Litschi, abgetropft

Mehl, Salz, Eier und Wasser zu einem Teig verrühren, bei Bedarf etwas Wasser hinzufügen. Mit den Garnelen vermischen, bis alles gut bedeckt ist. Das Öl erhitzen und die Garnelen einige Minuten braten, bis sie goldbraun und knusprig sind. Auf Küchenpapier abtropfen lassen und in eine warme Schüssel geben. In der Zwischenzeit das Öl erhitzen und den Ingwer 1

Minute anbraten. Essig, Zucker, Salz und Soja hinzufügen. Die Litschis dazugeben und rühren, bis sie warm und mit der Soße bedeckt sind. Über die Garnelen gießen und sofort servieren.

Gebratene Garnelen mit Mandarine

Für 4 Personen

60 ml / 4 Esslöffel Arachisöl (Erdnüsse).

1 Knoblauchzehe, zerdrückt

1 Scheibe Ingwer, fein gehackt

450 g geschälte Garnelen

30 ml / 2 EL Reiswein oder trockener Sherry 30 ml / 2 EL Sojasauce

15 ml / 1 Esslöffel Maismehl (Maisstärke)

45 ml / 3 Esslöffel Wasser

Das Öl erhitzen und Knoblauch und Ingwer goldbraun braten. Die Garnelen dazugeben und 1 Minute braten. Den Wein oder Sherry dazugeben und gut vermischen. Sojasauce, Maisstärke und Wasser hinzufügen und 2 Minuten braten.

Garnelen mit Hackfleischsauce

Für 4 Personen

5 getrocknete chinesische Pilze

225 g Sojasprossen

60 ml / 4 Esslöffel Arachisöl (Erdnüsse).

5 ml / 1 Teelöffel Salz

2 Stangen Sellerie, gehackt

4 Frühlingszwiebeln (Frühlingszwiebeln), gehackt

2 Knoblauchzehen, gehackt

2 Scheiben Ingwer, gehackt

60 ml / 4 Esslöffel Wasser

15 ml / 1 Esslöffel Sojasauce

15 ml / 1 EL Reiswein oder trockener Sherry

225 g Zuckerschoten (Erbsen)

225 g geschälte Garnelen

15 ml / 1 Esslöffel Maismehl (Maisstärke)

Die Pilze 30 Minuten in lauwarmem Wasser einweichen und anschließend abtropfen lassen. Die Stiele entfernen und die Köpfe abschneiden. Die Sojasprossen in kochendem Wasser 5

Minuten blanchieren und gut abtropfen lassen. Die Hälfte des Öls erhitzen, Salz, Sellerie, Frühlingszwiebeln und Sojasprossen 1 Minute anbraten und dann aus der Pfanne nehmen. Restliches Öl erhitzen und Knoblauch und Ingwer goldbraun braten. Die Hälfte des Wassers, Sojasauce, Wein oder Sherry, Zuckerschoten und Garnelen hinzufügen, aufkochen und 3 Minuten köcheln lassen. Maisstärke und restliches Wasser zu einer Paste verrühren, in die Pfanne geben und unter Rühren köcheln lassen, bis die Soße eindickt. Das Gemüse wieder in die Pfanne geben und heiß köcheln lassen. Sofort servieren.

Garnelen mit chinesischen Pilzen

Für 4 Personen

8 getrocknete chinesische Pilze

45 ml / 3 Esslöffel Arachisöl (Erdnüsse).

3 Scheiben Ingwerwurzel, gehackt

450 g geschälte Garnelen

15 ml / 1 Esslöffel Sojasauce

5 ml / 1 Teelöffel Salz

60 ml / 4 Esslöffel Fischbrühe

Die Pilze 30 Minuten in lauwarmem Wasser einweichen und anschließend abtropfen lassen. Die Stiele entfernen und die Köpfe abschneiden. Die Hälfte des Öls erhitzen und den Ingwer goldbraun braten. Garnelen, Sojasauce und Salz hinzufügen und braten, bis sie mit Öl bedeckt sind, dann aus der Pfanne nehmen. Das restliche Öl erhitzen und die Pilze anbraten, bis sie mit Öl bedeckt sind. Brühe hinzufügen, zum Kochen bringen, abdecken und 3 Minuten kochen lassen. Geben Sie die Garnelen wieder in die Pfanne und rühren Sie, bis sie warm sind.

Garnelen und gebratene Erbsen

Für 4 Personen

450 g geschälte Garnelen

5 ml / 1 Teelöffel Sesamöl

5 ml / 1 Teelöffel Salz

30 ml / 2 Esslöffel Arachisöl (Erdnüsse).

1 Knoblauchzehe, zerdrückt

1 Scheibe Ingwer, fein gehackt

225 g gefrorene oder blanchierte Erbsen, aufgetaut

4 Frühlingszwiebeln (Frühlingszwiebeln), gehackt

30 ml / 2 Esslöffel Wasser

Salz und Pfeffer

Mischen Sie die Garnelen mit Sesamöl und Salz. Das Öl erhitzen und Knoblauch und Ingwer 1 Minute anbraten. Die Garnelen dazugeben und 2 Minuten braten. Die Erbsen dazugeben und 1 Minute braten, bis sie braun sind. Frühlingszwiebeln und Wasser dazugeben und mit Salz und Pfeffer und nach Wunsch etwas Sesamöl würzen. Vor dem Servieren unter leichtem Rühren noch einmal erhitzen.

Garnelen mit Mango-Chutney

Für 4 Personen

12 Garnelen

Salz und Pfeffer

Saft von 1 Zitrone

30 ml / 2 Esslöffel Maismehl (Maisstärke)

1 Mango

5 ml / 1 Teelöffel Senfpulver

5 ml / 1 Teelöffel Honig

30 ml / 2 Esslöffel Kokoscreme

30 ml / 2 Esslöffel mildes Currypulver

120 ml Hühnerbrühe

45 ml / 3 Esslöffel Arachisöl (Erdnüsse).

2 Knoblauchzehen, gehackt

2 Frühlingszwiebeln (Frühlingszwiebeln), gehackt

1 Fenchel, fein gehackt

100 g Mango-Chutney

Die Garnelen schälen, dabei den Schwanz intakt lassen. Mit Salz, Pfeffer und Zitronensaft bestreuen und mit der Hälfte der Speisestärke bedecken. Die Mango schälen, das Fruchtfleisch vom Knochen lösen und das Fruchtfleisch in Würfel schneiden. Senf, Honig, Kokoscreme, Currypulver, restliche Maisstärke und Brühe verrühren. Die Hälfte des Öls erhitzen und Knoblauch, Frühlingszwiebel und Fenchel 2 Minuten anbraten. Die Brühe hinzufügen, zum Kochen bringen und 1 Minute kochen lassen. Die Mangowürfel und die scharfe Soße dazugeben, bei schwacher Hitze erhitzen und in eine warme Servierschüssel geben. Das restliche Öl erhitzen und die Garnelen 2 Minuten braten. Das Gemüse dazugeben und sofort servieren.

Gebratene Garnelenfleischbällchen mit Zwiebelsauce

Für 4 Personen

3 Eier, leicht geschlagen

45 ml / 3 Esslöffel Mehl (für alle Anwendungen).

Salz und frisch gemahlener Pfeffer

450 g geschälte Garnelen

Frittieröl

15 ml / 1 Esslöffel Arachidöl (Erdnussöl).

2 Zwiebeln, gehackt

15 ml / 1 Esslöffel Maismehl (Maisstärke)

30 ml / 2 Esslöffel Sojasauce

175 ml / 6 fl oz / ¬œ Tasse Wasser

Eier, Mehl, Salz und Pfeffer vermischen. Tauchen Sie die Garnelen in den Teig. Das Öl erhitzen und die Garnelen goldbraun braten. In der Zwischenzeit das Öl erhitzen und die Zwiebel 1 Minute anbraten. Die restlichen Zutaten zu einer Paste vermischen, die Zwiebel dazugeben und unter Rühren kochen, bis die Soße eindickt. Die Garnelen abtropfen lassen und in eine warme Schüssel geben. Mit Soße bestreichen und sofort servieren.

Mandarinengarnelen mit Erbsen

Für 4 Personen

60 ml / 4 Esslöffel Arachisöl (Erdnüsse).

1 Knoblauchzehe, gehackt

1 Scheibe Ingwer, fein gehackt

450 g geschälte Garnelen

30 ml / 2 Esslöffel Reiswein oder trockener Sherry

225 g gefrorene Erbsen, aufgetaut

30 ml / 2 Esslöffel Sojasauce

15 ml / 1 Esslöffel Maismehl (Maisstärke)

45 ml / 3 Esslöffel Wasser

Das Öl erhitzen und Knoblauch und Ingwer goldbraun braten. Die Garnelen dazugeben und 1 Minute braten. Den Wein oder Sherry dazugeben und gut vermischen. Die Erbsen dazugeben und 5 Minuten braten. Die restlichen Zutaten hinzufügen und 2 Minuten braten, bis sie braun sind.

Peking-Garnelen

Für 4 Personen

30 ml / 2 Esslöffel Arachisöl (Erdnüsse).

2 Knoblauchzehen, gehackt

1 Scheibe Ingwer, fein gehackt

225 g geschälte Garnelen

4 Frühlingszwiebeln (Frühlingszwiebeln), in dicke Scheiben geschnitten

120 ml Hühnerbrühe

5 ml / 1 Teelöffel. Teelöffel brauner Zucker

5 ml / 1 Teelöffel Sojasauce

5 ml / 1 Teelöffel. 1/2 Teelöffel Hoisinsauce

5 ml / 1 Teelöffel Tabasco-Sauce

Das Öl mit Knoblauch und Ingwer erhitzen und anbraten, bis der Knoblauch leicht goldbraun ist. Die Garnelen dazugeben und 1 Minute braten. Den Schnittlauch hinzufügen und 1 Minute braten. Die restlichen Zutaten hinzufügen, aufkochen und zugedeckt 4 Minuten köcheln lassen, dabei gelegentlich umrühren. Überprüfen Sie den Geschmack und fügen Sie bei Bedarf etwas Tabasco hinzu.

Garnelen mit Paprika

Für 4 Personen

30 ml / 2 Esslöffel Arachisöl (Erdnüsse).
1 grüne Paprika, in Stücke geschnitten
450 g geschälte Garnelen
10 ml / 2 Teelöffel Maismehl (Maisstärke)
60 ml / 4 Esslöffel Wasser
5 ml / 1 Teelöffel Reiswein oder trockener Sherry
2,5 ml / ¬Ω Teelöffel Salz
45 ml / 2 Esslöffel Tomatenpüree √ © e (Paste)

Das Öl erhitzen und die Paprika 2 Minuten braten. Garnelen und Tomatenmark hinzufügen und gut vermischen. Maismehlwasser, Wein oder Sherry und Salz zu einer Paste vermischen, in die Pfanne rühren und unter Rühren köcheln lassen, bis die Sauce klar wird und eindickt.

Mit Schweinefleisch gebratene Garnelen

Für 4 Personen

225 g geschälte Garnelen

100 g mageres Schweinefleisch, gehackt

60 ml / 4 Esslöffel Reiswein oder trockener Sherry

1 Eiweiß

45 ml / 3 Esslöffel Maismehl (Maisstärke)

5 ml / 1 Teelöffel Salz

15 ml / 1 Esslöffel Wasser (optional)

90 ml / 6 Esslöffel Arachidöl (Erdnussöl).

45 ml / 3 Esslöffel Fischbrühe

5 ml / 1 Teelöffel Sesamöl

Garnelen und Schweinefleisch in getrennte Schüsseln geben. 45 ml/3 EL Wein oder Sherry, Eiweiß, 30 ml/2 EL Speisestärke und Salz glatt rühren, ggf. Wasser hinzufügen. Die Mischung auf Schweinefleisch und Garnelen verteilen und gut vermischen, bis sie bedeckt ist. Das Öl erhitzen und das Schweinefleisch und die Garnelen einige Minuten goldbraun braten. Aus der Pfanne nehmen und alles bis auf 15 ml/1 Esslöffel Öl hineingießen. Geben Sie die Brühe mit dem restlichen Wein oder Sherry und der Maisstärke in die Pfanne. Zum Kochen bringen und unter Rühren köcheln lassen, bis die Soße eindickt. Über die Garnelen und das Schweinefleisch gießen und mit Sesamöl beträufelt servieren.

Gebratene Garnelen mit Sherrysauce

Für 4 Personen

50 g / 2 oz / ¬Ω Tasse Allzweckmehl.

2,5 ml / ¬Ω Teelöffel Salz

1 Ei, leicht geschlagen

30 ml / 2 Esslöffel Wasser

450 g geschälte Garnelen

Frittieröl

15 ml / 1 Esslöffel Arachidöl (Erdnussöl).

1 Zwiebel, fein gehackt

45 ml / 3 Esslöffel Reiswein oder trockener Sherry

15 ml / 1 Esslöffel Sojasauce

120 ml / 4 fl oz / ¬Ω Tasse Fischbrühe

10 ml / 2 Teelöffel Maismehl (Maisstärke)

30 ml / 2 Esslöffel Wasser

Mehl, Salz, Eier und Wasser zu einem Teig verrühren, bei Bedarf etwas Wasser hinzufügen. Mit den Garnelen vermischen, bis alles gut bedeckt ist. Das Öl erhitzen und die Garnelen einige Minuten braten, bis sie goldbraun und knusprig sind. Auf Küchenpapier abtropfen lassen und in eine warme Schüssel geben. In der Zwischenzeit das Öl erhitzen und die Zwiebel darin glasig dünsten. Wein oder Sherry, Sojasauce und Brühe hinzufügen, aufkochen und 4 Minuten kochen lassen. Maismehl und Wasser einrühren, bis eine Paste entsteht, in die Pfanne geben und unter Rühren köcheln lassen, bis die Sauce klar wird und eindickt.

frittierte Sesamgarnelen

Für 4 Personen
450 g geschälte Garnelen
¬Ω-Protein
5 ml / 1 Teelöffel Sojasauce
5 ml / 1 Teelöffel Sesamöl
50 g / 2 oz / ¬Ω Tasse Maismehl (Maisstärke)
Salz und frisch gemahlener weißer Pfeffer
Frittieröl
60 ml / 4 Esslöffel Sesamkörner
Salatblätter

Mischen Sie die Garnelen mit Eiweiß, Soja, Sesamöl, Maisstärke, Salz und Pfeffer. Wenn die Mischung zu dick ist, fügen Sie etwas Wasser hinzu. Erhitzen Sie das Öl und braten Sie die Garnelen einige Minuten lang an, bis sie etwas Farbe bekommen. In der Zwischenzeit die Sesamkörner in einer trockenen Pfanne kurz goldbraun rösten. Die Garnelen abtropfen lassen und mit den Sesamkörnern vermischen. Auf einem Salatbett servieren.

Gebratene Garnelen mit ihren Schalen

Für 4 Personen

60 ml / 4 Esslöffel Arachisöl (Erdnüsse).

750 g geschälte Garnelen

3 Frühlingszwiebeln (Frühlingszwiebeln), gehackt

3 Scheiben Ingwerwurzel, gehackt

2,5 ml / ¬Ω Teelöffel Salz

15 ml / 1 EL Reiswein oder trockener Sherry

120 ml / 4 fl oz / ¬Ω Tasse Ketchup (Ketchup)

15 ml / 1 Esslöffel Sojasauce

15 ml / 1 Esslöffel Zucker

15 ml / 1 Esslöffel Maismehl (Maisstärke)

60 ml / 4 Esslöffel Wasser

Erhitzen Sie das Öl und braten Sie die Garnelen 1 Minute lang, wenn sie gekocht sind, oder bis sie rosa sind, wenn sie roh sind. Frühlingszwiebel, Ingwer, Salz und Wein oder Sherry hinzufügen und 1 Minute braten. Ketchup, Soja und Zucker hinzufügen und 1 Minute braten. Maisstärke und Wasser vermischen, in die Pfanne gießen und unter Rühren köcheln lassen, bis die Sauce heller und dicker wird.

Gebratene Garnelen

Für 4 Personen

75 g / 3 oz / Roggen ¬ e Tasse Maismehl (Maisstärke)

1 Eiweiß

5 ml / 1 Teelöffel Reiswein oder trockener Sherry

Salzig

350 g geschälte Garnelen

Frittieröl

Maisstärke, Eiweiß, Wein oder Sherry und eine Prise Salz zu einer dicken Paste verrühren. Tauchen Sie die Garnelen in den Teig, bis sie gut bedeckt sind. Erhitzen Sie das Öl, bis es heiß ist, und braten Sie die Garnelen einige Minuten lang, bis sie goldbraun sind. Aus dem Öl nehmen, heiß erhitzen und die Garnelen knusprig und goldbraun braten.

Garnelen-Tempura

Für 4 Personen

450 g geschälte Garnelen
30 ml / 2 Esslöffel Mehl (für alle Verwendungszwecke).
30 ml / 2 Esslöffel Maismehl (Maisstärke)
30 ml / 2 Esslöffel Wasser
2 geschlagene Eier
Frittieröl

Schneiden Sie die Garnelen entlang der Innenseite der Biegung in zwei Hälften und öffnen Sie sie, sodass eine Schmetterlingsform entsteht. Mehl, Speisestärke und Wasser verrühren, bis ein Teig entsteht, dann die Eier dazugeben. Das Öl erhitzen und die Garnelen goldbraun braten.

unter Gummi

Für 4 Personen

30 ml / 2 Esslöffel Arachisöl (Erdnüsse).

2 Frühlingszwiebeln (Frühlingszwiebeln), gehackt

1 Knoblauchzehe, zerdrückt

1 Scheibe Ingwer, fein gehackt

100 g Hähnchenfilet, in Streifen geschnitten

100 g Schinken in Streifen schneiden

100 g Bambussprossen in Streifen schneiden

100 g Wasserkastanien, in Streifen geschnitten

225 g geschälte Garnelen

30 ml / 2 Esslöffel Sojasauce

30 ml / 2 Esslöffel Reiswein oder trockener Sherry

5 ml / 1 Teelöffel Salz

5 ml / 1 Teelöffel Zucker

5 ml / 1 Teelöffel Maismehl (Maisstärke)

Das Öl erhitzen und Frühlingszwiebel, Knoblauch und Ingwer goldbraun braten. Das Hähnchen dazugeben und 1 Minute braten, bis es braun ist. Schinken, Bambussprossen und Wasserkastanien hinzufügen und 3 Minuten braten. Die Garnelen dazugeben und 1 Minute braten. Sojasauce, Wein oder Sherry, Salz und Zucker hinzufügen und 2 Minuten braten. Die Speisestärke mit etwas Wasser vermischen, in die Pfanne geben und bei schwacher Hitze unter Rühren 2 Minuten kochen lassen.

Tofu-Garnelen

Für 4 Personen

45 ml / 3 Esslöffel Arachisöl (Erdnüsse).

225 g Tofu, gewürfelt

1 Frühlingszwiebel (Frühlingszwiebel), gehackt

1 Knoblauchzehe, zerdrückt

15 ml / 1 Esslöffel Sojasauce

5 ml / 1 Teelöffel Zucker

90 ml / 6 Esslöffel Fischbrühe

225 g geschälte Garnelen

15 ml / 1 Esslöffel Maismehl (Maisstärke)

45 ml / 3 Esslöffel Wasser

Die Hälfte des Öls erhitzen und den Tofu hellbraun braten, dann aus der Pfanne nehmen. Das restliche Öl erhitzen und die Frühlingszwiebeln und den Knoblauch darin goldbraun braten. Soja, Zucker und Brühe hinzufügen und zum Kochen bringen. Die Garnelen dazugeben und bei schwacher Hitze 3 Minuten rühren. Maismehl und Wasser zu einer Paste vermischen, in die Pfanne geben und unter Rühren köcheln lassen, bis die Sauce eindickt. Den Tofu wieder in die Pfanne geben und köcheln lassen, bis er warm ist.

Tomatengarnelen

Für 4 Personen

2 Eiweiß

30 ml / 2 Esslöffel Maismehl (Maisstärke)

5 ml / 1 Teelöffel Salz

450 g geschälte Garnelen

Frittieröl

30 ml / 2 Esslöffel Reiswein oder trockener Sherry

225 g geschälte Tomaten, entkernt und in Stücke geschnitten

Eiweiß, Speisestärke und Salz verrühren. Garnelen hinzufügen, bis sie gut bedeckt sind. Erhitzen Sie das Öl und braten Sie die Garnelen an, bis sie gar sind. Alles bis auf 15 ml/1 Esslöffel Öl einfüllen und erhitzen. Wein oder Sherry und Tomaten dazugeben und aufkochen. Die Garnelen dazugeben und vor dem Servieren schnell erhitzen.

Garnelen in Tomatensauce

Für 4 Personen

30 ml / 2 Esslöffel Arachisöl (Erdnüsse).

1 Knoblauchzehe, zerdrückt

2 Scheiben Ingwer, gehackt

2,5 ml / ¬Ω Teelöffel Salz

15 ml / 1 EL Reiswein oder trockener Sherry

15 ml / 1 Esslöffel Sojasauce

6 ml / 4 Esslöffel Ketchup (Ketchup)

120 ml / 4 fl oz / ¬Ω Tasse Fischbrühe

350 g geschälte Garnelen

10 ml / 2 Teelöffel Maismehl (Maisstärke)

30 ml / 2 Esslöffel Wasser

Das Öl erhitzen und Knoblauch, Ingwer und Salz 2 Minuten anbraten. Wein oder Sherry, Sojasauce, Ketchup und Brühe hinzufügen und zum Kochen bringen. Die Garnelen hinzufügen, abdecken und 2 Minuten kochen lassen. Maismehl und Wasser zu einer Paste vermischen, in die Pfanne gießen und unter Rühren köcheln lassen, bis die Sauce klar wird und eindickt.

Garnelen mit Tomaten-Chili-Sauce

Für 4 Personen

60 ml / 4 Esslöffel Arachisöl (Erdnüsse).

15 ml / 1 Esslöffel fein gehackter Ingwer

15 ml / 1 Esslöffel fein gehackter Knoblauch

15 ml / 1 EL gehackter Schnittlauch

60 ml / 4 Esslöffel Tomatenpüree √ © e (Paste)

15 ml / 1 Esslöffel scharfe Soße

450 g geschälte Garnelen

15 ml / 1 Esslöffel Maismehl (Maisstärke)

15 ml / 1 Esslöffel Wasser

Das Öl erhitzen und Ingwer, Knoblauch und Frühlingszwiebeln 1 Minute anbraten. Tomatenmark und scharfe Soße dazugeben und gut vermischen. Die Garnelen dazugeben und 2 Minuten braten. Maismehl und Wasser zu einer glatten Paste vermischen, in die Pfanne rühren und köcheln lassen, bis die Sauce eindickt. Sofort servieren.

In Tomatensauce gebratene Garnelen

Für 4 Personen

50 g / 2 oz / ¬Ω Tasse Allzweckmehl.

2,5 ml / ¬Ω Teelöffel Salz

1 Ei, leicht geschlagen

30 ml / 2 Esslöffel Wasser

450 g geschälte Garnelen

Frittieröl

30 ml / 2 Esslöffel Arachisöl (Erdnüsse).

1 Zwiebel, fein gehackt

2 Scheiben Ingwer, gehackt

75 ml / 5 Esslöffel Ketchup (Ketchup)

10 ml / 2 Teelöffel Maismehl (Maisstärke)

30 ml / 2 Esslöffel Wasser

Mehl, Salz, Eier und Wasser zu einem Teig verrühren, bei Bedarf etwas Wasser hinzufügen. Mit den Garnelen vermischen, bis alles gut bedeckt ist. Das Öl erhitzen und die Garnelen einige Minuten braten, bis sie goldbraun und knusprig sind. Auf Küchenpapier abtropfen lassen.

In der Zwischenzeit das Öl erhitzen und die Zwiebel und den Ingwer darin anbraten, bis sie weich sind. Den Ketchup hinzufügen und 3 Minuten kochen lassen. Maismehl und Wasser zu einer Paste vermischen, in die Pfanne geben und unter Rühren köcheln lassen, bis die Sauce eindickt. Die Garnelen in die Pfanne geben und köcheln lassen, bis sie warm sind. Sofort servieren.

Garnelen mit Gemüse

Für 4 Personen

15 ml / 1 Esslöffel Arachidöl (Erdnussöl).

225 g Brokkoliröschen

225 g Pilze

225 g Bambussprossen, in Scheiben geschnitten

450 g geschälte Garnelen

120 ml Hühnerbrühe

5 ml / 1 Teelöffel Maismehl (Maisstärke)

5 ml / 1 Teelöffel Austernsauce

2,5 ml / ¬Ω Teelöffel Zucker

2,5 ml / ¬Ω Teelöffel geriebene Ingwerwurzel

eine Prise frisch gemahlener Pfeffer

Das Öl erhitzen und den Brokkoli 1 Minute braten. Pilze und Bambussprossen dazugeben und 2 Minuten braten. Die Garnelen dazugeben und 2 Minuten braten. Die restlichen Zutaten vermischen und zur Garnelenmischung geben. Aufkochen, umrühren und 1 Minute unter ständigem Rühren köcheln lassen.

Garnelen mit Wasserkastanien

Für 4 Personen

60 ml / 4 Esslöffel Arachisöl (Erdnüsse).

1 Knoblauchzehe, gehackt

1 Scheibe Ingwer, fein gehackt

450 g geschälte Garnelen

30 ml / 2 Esslöffel Reiswein oder trockener Sherry 225 g / 8 oz Wasserkastanien, in Scheiben geschnitten

30 ml / 2 Esslöffel Sojasauce

15 ml / 1 Esslöffel Maismehl (Maisstärke)

45 ml / 3 Esslöffel Wasser

Das Öl erhitzen und Knoblauch und Ingwer goldbraun braten. Die Garnelen dazugeben und 1 Minute braten. Den Wein oder Sherry dazugeben und gut vermischen. Die Wasserkastanien dazugeben und 5 Minuten braten, bis sie braun sind. Die restlichen Zutaten hinzufügen und 2 Minuten braten, bis sie braun sind.

Garnelenravioli

Für 4 Personen

450 g geschälte Garnelen, fein gehackt
225 g gehacktes gemischtes Gemüse
15 ml / 1 Esslöffel Sojasauce
2,5 ml / ¬Ω Teelöffel Salz
ein paar Tropfen Sesamöl
40 Wan-Tan-Häute
Frittieröl

Garnelen, Gemüse, Sojasauce, Salz und Sesamöl vermischen.

Um die Wan-Tans zu falten, halten Sie die Schüssel in der linken Hand und geben Sie etwas Füllung in die Mitte. Befeuchten Sie die Ränder mit dem Ei und falten Sie die Schale zu einem Dreieck, sodass die Ränder geschlossen sind. Befeuchten Sie die Ecken mit dem Ei und rollen Sie sie auf.

Das Öl erhitzen und die Wontons nacheinander goldbraun braten. Vor dem Servieren gut abtropfen lassen.

Abalone mit Hühnchen

Für 4 Personen

400 g Abalone aus der Dose
30 ml / 2 Esslöffel Arachisöl (Erdnüsse).
100 g Hähnchenfilet, in Würfel geschnitten
100 g Bambussprossen, in Scheiben geschnitten
250 ml / 8 fl oz / 1 Tasse Fischbrühe
15 ml / 1 EL Reiswein oder trockener Sherry
5 ml / 1 Teelöffel Zucker
2,5 ml / ¬Ω Teelöffel Salz
15 ml / 1 Esslöffel Maismehl (Maisstärke)
45 ml / 3 Esslöffel Wasser

Abalone abtropfen lassen und in Stücke schneiden; Bewahren Sie den Saft auf. Das Öl erhitzen und das Hähnchen darin goldbraun braten. Abalone und Bambussprossen dazugeben und 1 Minute braten. Abalone-Flüssigkeit, Brühe, Wein oder Sherry, Zucker und Salz hinzufügen, aufkochen und 2 Minuten köcheln lassen. Maismehl und Wasser zu einer Paste vermischen und unter

Rühren köcheln lassen, bis die Soße heller und dicker wird. Sofort servieren.

Abalone mit Spargel

Für 4 Personen

10 getrocknete chinesische Pilze

30 ml / 2 Esslöffel Arachisöl (Erdnüsse).

15 ml / 1 Esslöffel Wasser

225 g Spargel

2,5 ml / ¬Ω Teelöffel Fischsauce

15 ml / 1 Esslöffel Maismehl (Maisstärke)

225 g Abalone aus der Dose, in Scheiben geschnitten

60 ml / 4 Esslöffel Brühe

¬Ω kleine Karotte, in Scheiben geschnitten

5 ml / 1 Teelöffel Sojasauce

5 ml / 1 Teelöffel Austernsauce

5 ml / 1 Teelöffel Reiswein oder trockener Sherry

Die Pilze 30 Minuten in lauwarmem Wasser einweichen und anschließend abtropfen lassen. Entsorgen Sie die Stiele. 15 ml/1 EL Öl mit Wasser erhitzen und die Pilzköpfe 10 Minuten braten. In der Zwischenzeit den Spargel in kochendem Wasser mit der Fischsauce und 1 EL kochen. 1 Teelöffel/5 ml Maisstärke glatt rühren. Gut abtropfen lassen und mit dem Biskuit in eine warme Schüssel geben. Halten Sie sie warm. Das restliche Öl erhitzen und die Abalone einige Sekunden braten. Anschließend Brühe, Karotte, Sojasauce, Austernsauce, Wein oder Sherry und die restliche Maisstärke hinzufügen. Etwa 5 Minuten kochen, bis er weich ist, dann den Spargel hinzufügen und servieren.

Abalone mit Pilzen

Für 4 Personen

6 getrocknete chinesische Pilze
400 g Abalone aus der Dose
45 ml / 3 Esslöffel Arachisöl (Erdnüsse).
2,5 ml / ¬Ω Teelöffel Salz
15 ml / 1 EL Reiswein oder trockener Sherry

3 Frühlingszwiebeln (Frühlingszwiebeln), in dicke Scheiben geschnitten

Die Pilze 30 Minuten in lauwarmem Wasser einweichen und anschließend abtropfen lassen. Die Stiele entfernen und die Köpfe abschneiden. Abalone abtropfen lassen und in Stücke schneiden; Bewahren Sie den Saft auf. Das Öl erhitzen und Salz und Pilze 2 Minuten braten. Abalone-Flüssigkeit und Sherry dazugeben, aufkochen und zugedeckt 3 Minuten köcheln lassen. Abalone und Frühlingszwiebeln dazugeben und warm köcheln lassen. Sofort servieren.

Abalone mit Austernsauce

Für 4 Personen

400 g Abalone aus der Dose

15 ml / 1 Esslöffel Maismehl (Maisstärke)

15 ml / 1 Esslöffel Sojasauce

45 ml / 3 Esslöffel Austernsauce

30 ml / 2 Esslöffel Arachisöl (Erdnüsse).

50 g gehackter Räucherschinken

Leeren Sie die Dose Abalone und bewahren Sie 90 ml/6 Esslöffel Flüssigkeit auf. Mischen Sie es mit Maisstärke, Soja und Austernsauce. Das Öl erhitzen und die abgetropfte Abalone 1 Minute braten. Die Soßenmischung dazugeben und unter Rühren ca. 1 Minute köcheln lassen, bis alles durchgeheizt ist. In eine warme Schüssel geben und mit Schinken servieren.

gedämpfte Muscheln

Für 4 Personen

24 Formen

Die Muscheln gut reinigen und einige Stunden in Salzwasser einweichen. Spülen Sie sie unter fließendem Wasser ab und legen Sie sie in einen tiefen Teller. Legen Sie sie auf einen Rost in einen Dampfgarer, dämpfen Sie sie zugedeckt in kochendem Wasser etwa 10 Minuten lang, bis sich alle Muscheln geöffnet haben. Entsorgen Sie alles, was geschlossen bleibt. Mit Soßen servieren.

Sojasprossenmuscheln

Für 4 Personen

24 Formen

15 ml / 1 Esslöffel Arachidöl (Erdnussöl).

150 g Sojasprossen

1 grüne Paprika, in Streifen geschnitten

2 Frühlingszwiebeln (Frühlingszwiebeln), gehackt

15 ml / 1 EL Reiswein oder trockener Sherry

Salz und frisch gemahlener Pfeffer

2,5 ml / ¬Ω Teelöffel Sesamöl

50 g gehackter Räucherschinken

Die Muscheln gut reinigen und einige Stunden in Salzwasser einweichen. Unter fließendem Wasser abspülen. Einen Topf mit Wasser zum Kochen bringen, die Muscheln hinzufügen und einige Minuten kochen lassen, bis sie sich öffnen. Leeren Sie alles, was verschlossen bleibt, und werfen Sie es weg. Die Muscheln aus den Schalen nehmen.

Das Öl erhitzen und die Sojasprossen 1 Minute lang anbraten. Paprika und Frühlingszwiebel hinzufügen und 2 Minuten braten.

Den Wein oder Sherry dazugeben und mit Salz und Pfeffer würzen. Erhitzen, dann die Muscheln hinzufügen und umrühren, bis alles gut vermischt und durchgewärmt ist. Auf einen warmen Teller legen und mit Sesamöl und Schinken bestreut servieren.

Ingwer- und Knoblauchmuscheln

Für 4 Personen

24 Formen
15 ml / 1 Esslöffel Arachidöl (Erdnussöl).
2 Scheiben Ingwer, gehackt
2 Knoblauchzehen, gehackt
15 ml / 1 Esslöffel Wasser
5 ml / 1 Teelöffel Sesamöl
Salz und frisch gemahlener Pfeffer

Die Muscheln gut reinigen und einige Stunden in Salzwasser einweichen. Unter fließendem Wasser abspülen. Erhitzen Sie das Öl und braten Sie Ingwer und Knoblauch 30 Sekunden lang an. Muscheln, Wasser und Sesamöl hinzufügen und zugedeckt ca. 5 Minuten garen, bis sich die Muscheln öffnen. Entsorgen Sie alles, was geschlossen bleibt. Leicht mit Salz und Pfeffer würzen und sofort servieren.

gebackene Muscheln

Für 4 Personen

24 Formen

60 ml / 4 Esslöffel Arachisöl (Erdnüsse).

4 Knoblauchzehen, gehackt

1 gehackte Zwiebel

2,5 ml / ¬Ω Teelöffel Salz

Die Muscheln gut reinigen und einige Stunden in Salzwasser einweichen. Unter fließendem Wasser abspülen und anschließend trocknen. Das Öl erhitzen und Knoblauch, Zwiebel und Salz darin anbraten, bis sie weich sind. Die Muscheln hinzufügen, abdecken und etwa 5 Minuten köcheln lassen, bis sich alle Muscheln öffnen. Entsorgen Sie alles, was geschlossen bleibt. Eine weitere Minute leicht braten und mit Öl bestreichen.

Krabbenkuchen

Für 4 Personen

225 g Sojasprossen

60 ml / 4 Esslöffel Erdnussöl 100 g / 4 oz Bambussprossen, in Streifen geschnitten

1 gehackte Zwiebel

225 g Krabbenfleisch, in Flocken

4 Eier, leicht geschlagen

15 ml / 1 Esslöffel Maismehl (Maisstärke)

30 ml / 2 Esslöffel Sojasauce

Salz und frisch gemahlener Pfeffer

Die Sojasprossen in kochendem Wasser 4 Minuten blanchieren und abtropfen lassen. Die Hälfte des Öls erhitzen und die Sojasprossen, Bambussprossen und Zwiebeln darin anbraten, bis sie weich sind. Vom Herd nehmen und alle anderen Zutaten außer dem Öl hinzufügen. Das restliche Öl in einer sauberen Pfanne erhitzen und die Krabbenmischung mit einem Löffel zu kleinen Fladen formen. Von beiden Seiten goldbraun braten und sofort servieren.

Krabbencreme

Für 4 Personen

225 g Krabbenfleisch

5 geschlagene Eier

1 Frühlingszwiebel (Schalotte), fein gehackt

250 ml / 8 Flüssigunzen / 1 Tasse Wasser

5 ml / 1 Teelöffel Salz

5 ml / 1 Teelöffel Sesamöl

Alle Zutaten gut vermischen. In eine Schüssel geben, abdecken und im Wasserbad über heißem Wasser oder auf einem Dampfgarer stellen. Unter gelegentlichem Rühren ca. 35 Minuten cremig dämpfen. Mit Reis servieren.

Chinesisches Krabbenfleisch mit Blättern

Für 4 Personen

450 g Chinablätter, zerrissen

45 ml / 3 Esslöffel Pflanzenöl

2 Frühlingszwiebeln (Frühlingszwiebeln), gehackt

225 g Krabbenfleisch

15 ml / 1 Esslöffel Sojasauce

15 ml / 1 EL Reiswein oder trockener Sherry

5 ml / 1 Teelöffel Salz

Die Chinablätter 2 Minuten in kochendem Wasser blanchieren, gut abtropfen lassen und mit kaltem Wasser abspülen. Das Öl erhitzen und die Frühlingszwiebel darin goldbraun braten. Das Krabbenfleisch dazugeben und 2 Minuten braten, bis es braun ist. Die chinesischen Blätter hinzufügen und 4 Minuten braten. Sojasauce, Wein oder Sherry und Salz hinzufügen und gut vermischen. Brühe und Maisstärke dazugeben, aufkochen und unter Rühren 2 Minuten kochen lassen, bis die Sauce heller und dicker wird.

Crab Foo Yung mit Sojasprossen

Für 4 Personen

6 geschlagene Eier

45 ml / 3 Esslöffel Maismehl (Maisstärke)

225 g Krabbenfleisch

100 g Sojasprossen

2 Frühlingszwiebeln (Frühlingszwiebeln), fein gehackt

2,5 ml / ¬Ω Teelöffel Salz

45 ml / 3 Esslöffel Arachisöl (Erdnüsse).

Schlagen Sie die Eier auf und fügen Sie dann die Maisstärke hinzu. Alle anderen Zutaten außer dem Öl vermischen. Erhitzen Sie das Öl und gießen Sie die Mischung nach und nach in die Pfanne, sodass kleine Pfannkuchen mit einem Durchmesser von etwa 7,5 cm entstehen. Von der Unterseite goldbraun braten, dann wenden und auf der anderen Seite goldbraun braten.

Ingwerkrabbe

Für 4 Personen

15 ml / 1 Esslöffel Arachidöl (Erdnussöl).

2 Scheiben Ingwer, gehackt

4 Frühlingszwiebeln (Frühlingszwiebeln), gehackt

3 Knoblauchzehen, gehackt

1 gehackte rote Paprika

350 g Krabbenfleisch, in Flocken

2,5 ml / ¬Ω Teelöffel Fischpaste

2,5 ml / ¬Ω Teelöffel Sesamöl

15 ml / 1 EL Reiswein oder trockener Sherry

5 ml / 1 Teelöffel Maismehl (Maisstärke)

15 ml / 1 Esslöffel Wasser

Das Öl erhitzen und Ingwer, Frühlingszwiebel, Knoblauch und Chilischote 2 Minuten anbraten. Das Krabbenfleisch hinzufügen und umrühren, bis es gut mit den Gewürzen bedeckt ist. Die Fischpaste hinzufügen. Die restlichen Zutaten zu einer Paste vermischen, in die Pfanne gießen und 1 Minute braten. Sofort servieren.

Krabbe Lo Mein

Für 4 Personen

100 g Sojasprossen

30 ml / 2 Esslöffel Arachisöl (Erdnüsse).

5 ml / 1 Teelöffel Salz

1 Zwiebel, gehackt

100 g Champignons, in Scheiben geschnitten

225 g Krabbenfleisch, in Flocken

100 g Bambussprossen, in Scheiben geschnitten

Hefenudeln

30 ml / 2 Esslöffel Sojasauce

5 ml / 1 Teelöffel Zucker

5 ml / 1 Teelöffel Sesamöl

Salz und frisch gemahlener Pfeffer

Die Sojasprossen in kochendem Wasser 5 Minuten blanchieren und abtropfen lassen. Das Öl erhitzen und das Salz und die Zwiebel darin anbraten, bis sie weich sind. Die Pilze dazugeben und weich braten. Das Krabbenfleisch dazugeben und 2 Minuten braten, bis es braun ist. Sojasprossen und Bambussprossen hinzufügen und 1 Minute braten. Die abgetropften Nudeln in die Pfanne geben und vorsichtig umrühren. Soja, Zucker und

Sesamöl vermischen und mit Salz und Pfeffer würzen. Rühren Sie die Pfanne um, bis sie heiß ist.

Gebratene Krabben mit Schweinefleisch

Für 4 Personen

30 ml / 2 Esslöffel Arachisöl (Erdnüsse).
100 g gehacktes Schweinefleisch (Hackfleisch).
350 g Krabbenfleisch, in Flocken
2 Scheiben Ingwer, gehackt
2 Eier, leicht geschlagen
15 ml / 1 Esslöffel Sojasauce
15 ml / 1 EL Reiswein oder trockener Sherry
30 ml / 2 Esslöffel Wasser
Salz und frisch gemahlener Pfeffer
4 Frühlingszwiebeln (Frühlingszwiebeln), in Streifen geschnitten

Das Öl erhitzen und das Schweinefleisch anbraten, bis es etwas Farbe bekommt. Krabbenfleisch und Ingwer dazugeben und 1 Minute braten. Eier vermischen. Sojasauce, Wein oder Sherry, Wasser, Salz und Pfeffer hinzufügen und unter Rühren etwa 4 Minuten köcheln lassen. Mit Schnittlauch garniert servieren.

Gebratenes Krabbenfleisch

Für 4 Personen

30 ml / 2 Esslöffel Arachisöl (Erdnüsse).

450 g Krabbenfleisch, in Flocken
2 Frühlingszwiebeln (Frühlingszwiebeln), gehackt
2 Scheiben Ingwer, gehackt
30 ml / 2 Esslöffel Sojasauce
30 ml / 2 Esslöffel Reiswein oder trockener Sherry
2,5 ml / ¬Ω Teelöffel Salz
15 ml / 1 Esslöffel Maismehl (Maisstärke)
60 ml / 4 Esslöffel Wasser

Das Öl erhitzen und das Krabbenfleisch, die Frühlingszwiebeln und den Ingwer 1 Minute lang anbraten. Sojasauce, Wein oder Sherry und Salz hinzufügen, abdecken und 3 Minuten köcheln lassen. Maismehl und Wasser einrühren, bis eine Paste entsteht, in die Pfanne geben und unter Rühren köcheln lassen, bis die Sauce klar wird und eindickt.

Frittierte Tintenfischbällchen

Für 4 Personen
450 Gramm Tintenfisch
50 g gemahlenes Schmalz
1 Eiweiß
2,5 ml / ¬Ω Teelöffel Zucker
2,5 ml / ¬Ω Teelöffel Maismehl (Maisstärke)
Salz und frisch gemahlener Pfeffer
Frittieröl

Den Tintenfisch putzen und mahlen oder pürieren. Mit Schmalz, Eiweiß, Zucker und Speisestärke vermischen und mit Salz und Pfeffer würzen. Die Mischung zu Kugeln formen. Das Öl erhitzen und die Tintenfischbällchen bei Bedarf portionsweise frittieren, bis sie im Öl schwimmen und goldbraun werden. Gut abtropfen lassen und sofort servieren.

Kantonesischer Hummer

Für 4 Personen

2 Hummer

30 ml / 2 Esslöffel Öl

15 ml / 1 EL schwarze Bohnensauce

1 Knoblauchzehe, zerdrückt

1 gehackte Zwiebel

225 g Schweinehackfleisch (gehackt).

45 ml / 3 Esslöffel Sojasauce

5 ml / 1 Teelöffel Zucker

Salz und frisch gemahlener Pfeffer

15 ml / 1 Esslöffel Maismehl (Maisstärke)

75 ml / 5 Esslöffel Wasser

1 geschlagenes Ei

Den Hummer zerkleinern, das Fleisch entfernen und in 2,5 cm große Würfel schneiden. Das Öl erhitzen und die schwarze Bohnensauce, den Knoblauch und die Zwiebeln goldbraun braten. Schweinefleisch hinzufügen und goldbraun braten. Sojasauce, Zucker, Salz, Pfeffer und Hummer hinzufügen, abdecken und etwa 10 Minuten köcheln lassen. Maismehl und Wasser zu einer Paste vermischen, in die Pfanne geben und unter Rühren köcheln lassen, bis die Sauce klar wird und eindickt.

Schalten Sie den Herd aus und fügen Sie vor dem Servieren das Ei hinzu.

gebratener Hummer

Für 4 Personen

450 g Hummerfleisch
30 ml / 2 Esslöffel Sojasauce
5 ml / 1 Teelöffel Zucker
1 geschlagenes Ei
30 ml / 3 Esslöffel Mehl (für alle Anwendungen).
Frittieröl

Das Hummerfleisch in 2,5 cm große Würfel schneiden und mit Sojasauce und Zucker würzen. 15 Minuten ruhen lassen und abtropfen lassen. Ei und Mehl verquirlen, dann den Hummer dazugeben und gut verrühren. Das Öl erhitzen und den Hummer goldbraun braten. Vor dem Servieren auf saugfähigem Papier abtropfen lassen.

Gedämpfter Hummer mit Schinken

Für 4 Personen

4 Eier, leicht geschlagen

60 ml / 4 Esslöffel Wasser

5 ml / 1 Teelöffel Salz

15 ml / 1 Esslöffel Sojasauce

450 g Hummerfleisch, in Flocken

15 ml / 1 Esslöffel gehackter Räucherschinken

15 ml / 1 Esslöffel gehackte frische Petersilie

Die Eier mit Wasser, Salz und Soja verquirlen. Gießen Sie die Mischung in eine beschichtete Schüssel und streuen Sie sie über das Hummerfleisch. Stellen Sie die Schüssel auf ein Gestell in einem Dampfgarer, decken Sie sie ab und dämpfen Sie sie 20 Minuten lang, bis die Eier fest sind. Mit Schinken und Petersilie garniert servieren.

Hummer mit Pilzen

Für 4 Personen

450 g Hummerfleisch

15 ml / 1 Esslöffel Maismehl (Maisstärke)

60 ml / 4 Esslöffel Wasser

30 ml / 2 Esslöffel Arachisöl (Erdnüsse).

4 Frühlingszwiebeln (Frühlingszwiebeln), in dicke Scheiben geschnitten

100 g Champignons, in Scheiben geschnitten

2,5 ml / ¬Ω Teelöffel Salz

1 Knoblauchzehe, zerdrückt

30 ml / 2 Esslöffel Sojasauce

15 ml / 1 EL Reiswein oder trockener Sherry

Das Hummerfleisch in 2,5 cm große Würfel schneiden. Mischen Sie Maismehl und Wasser, bis eine Paste entsteht, und geben Sie die Hummerwürfel zum Überziehen in die Mischung. Die Hälfte des Öls erhitzen und die Hummerwürfel hellbraun braten, aus der Pfanne nehmen. Das restliche Öl erhitzen und die Frühlingszwiebeln darin goldbraun braten. Die Pilze dazugeben und 3 Minuten braten, bis sie braun sind. Salz, Knoblauch, Sojasauce und Wein oder Sherry hinzufügen und 2 Minuten braten. Geben Sie den Hummer wieder in die Pfanne und kochen Sie ihn, bis er heiß ist.

Hummerschwänze vom Schwein

Für 4 Personen

3 getrocknete chinesische Pilze
4 Hummerschwänze
60 ml / 4 Esslöffel Arachisöl (Erdnüsse).
100 g gehacktes Schweinefleisch (Hackfleisch).
50 g fein gehackte Wasserkastanien
Salz und frisch gemahlener Pfeffer
2 Knoblauchzehen, gehackt
45 ml / 3 Esslöffel Sojasauce
30 ml / 2 Esslöffel Reiswein oder trockener Sherry
30 ml / 2 Esslöffel schwarze Bohnensauce
10 ml / 2 Esslöffel Maismehl (Maisstärke)
120 ml / 4 fl oz / ¬Ω Tasse Wasser

Die Pilze 30 Minuten in lauwarmem Wasser einweichen und anschließend abtropfen lassen. Die Stiele entfernen und die Kappen fein hacken. Die Hummerschwänze der Länge nach halbieren. Entfernen Sie das Fleisch von den Hummerschwänzen und bewahren Sie die Schalen auf. Die Hälfte des Öls erhitzen und das Schweinefleisch goldbraun braten. Vom Herd nehmen und Pilze, Hummerfleisch, Wasserkastanien, Salz und Pfeffer hinzufügen. Das Fleisch in der Hummerschale verschließen und auf einen Teller legen. Legen Sie sie auf einen Rost in einen Dampfgarer, decken Sie sie ab und dämpfen Sie sie etwa 20 Minuten lang, bis sie gar sind. In der Zwischenzeit das restliche Öl erhitzen und Knoblauch, Sojasauce, Wein/Sherry und schwarze Bohnensauce 2 Minuten anbraten. Maismehl und Wasser vermischen, bis eine Paste entsteht, in die Pfanne rühren und unter Rühren köcheln lassen, bis die Soße eindickt. Den Hummer in eine warme Schüssel geben, die Soße darübergießen und sofort servieren.

gebratener Hummer

Für 4 Personen

450 g Hummerschwänze

30 ml / 2 Esslöffel Arachisöl (Erdnüsse).

1 Knoblauchzehe, zerdrückt

2,5 ml / ¬Ω Teelöffel Salz

350 g Sojasprossen

50 g Pilze

4 Frühlingszwiebeln (Frühlingszwiebeln), in dicke Scheiben geschnitten

150 ml / ¬° pt / reichlich ¬Ω Tasse Hühnerbrühe

15 ml / 1 Esslöffel Maismehl (Maisstärke)

Wasser in einem Topf zum Kochen bringen, die Hummerschwänze hinzufügen und 1 Minute kochen lassen. Abgießen, abkühlen lassen, die Haut entfernen und in dicke Scheiben schneiden. Das Öl mit Knoblauch und Salz erhitzen und braten, bis der Knoblauch leicht goldbraun ist. Den Hummer dazugeben und 1 Minute braten, bis er braun ist. Sojasprossen und Pilze dazugeben und 1 Minute braten. Die Frühlingszwiebeln hinzufügen. Den größten Teil der Brühe hinzufügen, zum Kochen bringen, abdecken und 3 Minuten kochen lassen. Die Speisestärke mit der restlichen Brühe vermischen, in die Pfanne gießen und unter Rühren köcheln lassen, bis die Soße klar wird und eindickt.

Hummernest

Für 4 Personen

30 ml / 2 Esslöffel Arachisöl (Erdnüsse).
5 ml / 1 Teelöffel Salz
1 Zwiebel, in dünne Scheiben geschnitten
100 g Champignons, in Scheiben geschnitten
100 g Bambussprossen, in Scheiben geschnitten 225 g gekochtes Hummerfleisch
15 ml / 1 EL Reiswein oder trockener Sherry
120 ml Hühnerbrühe
eine Prise frisch gemahlener Pfeffer
10 ml / 2 Teelöffel Maismehl (Maisstärke)
15 ml / 1 Esslöffel Wasser
4 Körbe Nudeln

Das Öl erhitzen und das Salz und die Zwiebel darin anbraten, bis sie weich sind. Pilze und Bambussprossen dazugeben und 2 Minuten braten. Hummerfleisch, Wein oder Sherry und Brühe hinzufügen, aufkochen und zugedeckt 2 Minuten köcheln lassen. Pfeffern. Maismehl und Wasser zu einer Paste vermischen, in die Pfanne geben und unter Rühren köcheln lassen, bis die Sauce eindickt. Legen Sie die Nudelnester auf eine vorgewärmte Servierplatte und garnieren Sie sie mit dem gebratenen Hummer.

Muscheln mit schwarzer Bohnensauce

Für 4 Personen

45 ml / 3 Esslöffel Arachisöl (Erdnüsse).

2 Knoblauchzehen, gehackt

2 Scheiben Ingwer, gehackt

30 ml / 2 Esslöffel schwarze Bohnensauce

15 ml / 1 Esslöffel Sojasauce

1,5 kg gewaschene und bärtige Muscheln

2 Frühlingszwiebeln (Frühlingszwiebeln), gehackt

Erhitzen Sie das Öl und braten Sie Knoblauch und Ingwer 30 Sekunden lang an. Schwarze Bohnensauce und Sojasauce hinzufügen und 10 Sekunden lang anbraten. Die Muscheln dazugeben, abdecken und etwa 6 Minuten garen, bis sich die Muscheln öffnen. Entsorgen Sie alles, was geschlossen bleibt.

Auf einen warmen Teller legen und mit Schnittlauch bestreut servieren.

Ingwermuscheln

Für 4 Personen

45 ml / 3 Esslöffel Arachisöl (Erdnüsse).

2 Knoblauchzehen, gehackt

4 Scheiben Ingwerwurzel, gehackt

1,5 kg gewaschene und bärtige Muscheln

45 ml / 3 Esslöffel Wasser

15 ml / 1 Esslöffel Austernsauce

Erhitzen Sie das Öl und braten Sie Knoblauch und Ingwer 30 Sekunden lang an. Muscheln und Wasser hinzufügen, abdecken und ca. 6 Minuten garen, bis sich die Muscheln öffnen. Entsorgen Sie alles, was geschlossen bleibt. In eine warme Servierschüssel geben und mit Austernsauce beträufelt servieren.

Gedämpfte Muscheln

Für 4 Personen

1,5 kg gewaschene und bärtige Muscheln

45 ml / 3 Esslöffel Sojasauce

3 Frühlingszwiebeln (Frühlingszwiebeln), fein gehackt

Legen Sie die Muscheln auf ein Gestell in einen Dampfgarer, dämpfen Sie sie zugedeckt in kochendem Wasser etwa 10 Minuten lang, bis sich alle Muscheln geöffnet haben. Entsorgen Sie alles, was geschlossen bleibt. In eine warme Servierschüssel geben und mit Soja und Frühlingszwiebeln bestreut servieren.

Gebackene Austern

Für 4 Personen

24 geschälte Austern

Salz und frisch gemahlener Pfeffer

1 geschlagenes Ei

50 g / 2 oz / ¬Ω Tasse Allzweckmehl.

250 ml / 8 Flüssigunzen / 1 Tasse Wasser

Frittieröl

4 Frühlingszwiebeln (Frühlingszwiebeln), gehackt

Die Austern mit Salz und Pfeffer bestreuen. Das Ei mit Mehl und Wasser zu einer Paste verrühren und die Austern damit bestreichen. Das Öl erhitzen und die Austern darin braten, bis sie braun sind. Auf saugfähigem Papier abtropfen lassen und mit Frühlingszwiebeln garniert servieren.

Austern mit Speck

Für 4 Personen

175 g Speck

24 geschälte Austern

1 Ei, leicht geschlagen

15 ml / 1 Esslöffel Wasser

45 ml / 3 Esslöffel Arachisöl (Erdnüsse).

2 Zwiebeln, gehackt

15 ml / 1 Esslöffel Maismehl (Maisstärke)

15 ml / 1 Esslöffel Sojasauce

90 ml / 6 Esslöffel Hühnerbrühe

Schneiden Sie den Speck in Stücke und wickeln Sie ein Stück um jede Auster. Schlagen Sie das Ei mit dem Wasser auf und tauchen Sie es dann in die Austern, sodass diese bedeckt sind. Die Hälfte des Öls erhitzen und die Austern darin von beiden Seiten goldbraun braten, dann aus der Pfanne nehmen und das Fett abtropfen lassen. Restliches Öl erhitzen und die Zwiebel darin glasig dünsten. Maisstärke, Sojasauce und Brühe zu einer

Paste vermischen, in die Pfanne gießen und unter Rühren köcheln lassen, bis die Sauce klar wird und eindickt. Über die Austern gießen und sofort servieren.

Gebratene Austern mit Ingwer

Für 4 Personen

24 geschälte Austern

2 Scheiben Ingwer, gehackt

30 ml / 2 Esslöffel Sojasauce

15 ml / 1 EL Reiswein oder trockener Sherry

4 Frühlingszwiebeln (Frühlingszwiebeln), in Streifen geschnitten

100 Gramm Speck

1 Ei

50 g / 2 oz / ¬Ω Tasse Allzweckmehl.

Salz und frisch gemahlener Pfeffer

Frittieröl

1 Zitrone, geviertelt

Die Austern mit Ingwer, Soja und Wein oder Sherry in eine Schüssel geben und gut umrühren. 30 Minuten ruhen lassen. Auf jede Auster ein paar Streifen Frühlingszwiebeln legen. Schneiden Sie den Speck in Stücke und wickeln Sie ein Stück um jede

Auster. Eier und Mehl zu einem Teig verrühren und mit Salz und Pfeffer würzen. Tauchen Sie die Austern in den Teig, bis sie gut bedeckt sind. Das Öl erhitzen und die Austern darin braten, bis sie braun sind. Mit Zitronenscheiben garniert servieren.

Austern mit schwarzer Bohnensauce

Für 4 Personen

350 g Austern ohne Schale
120 ml / 4 fl oz / ¬Ω Tasse Erdnussöl.
2 Knoblauchzehen, gehackt
3 Frühlingszwiebeln (Frühlingszwiebeln), in Scheiben geschnitten
15 ml / 1 EL schwarze Bohnensauce
30 ml / 2 Esslöffel dunkle Sojasauce
15 ml / 1 Esslöffel Sesamöl
eine Prise Chilipulver

Die Austern 30 Sekunden in kochendem Wasser blanchieren und abtropfen lassen. Erhitzen Sie das Öl und braten Sie den Knoblauch und die Frühlingszwiebeln 30 Sekunden lang an. Schwarze Bohnensauce, Sojasauce, Sesamöl und Austern hinzufügen und mit Chilipulver würzen. Heiß kochen und sofort servieren.

Jakobsmuscheln mit Bambussprossen

Für 4 Personen

60 ml / 4 Esslöffel Arachisöl (Erdnüsse).

6 Frühlingszwiebeln (Frühlingszwiebeln), gehackt

225 g Champignons in Viertel schneiden

15 ml / 1 Esslöffel Zucker

450 g geschälte Jakobsmuscheln

2 Scheiben Ingwer, gehackt

225 g Bambussprossen, in Scheiben geschnitten

Salz und frisch gemahlener Pfeffer

300 ml / ¬Ω pt / 1 ¬ ° Tasse Wasser

30 ml / 2 Esslöffel Essig

30 ml / 2 Esslöffel Maismehl (Maisstärke)

150 ml / ¬° pt / reichlich ¬Ω Tasse Wasser

45 ml / 3 Esslöffel Sojasauce

Das Öl erhitzen und die Frühlingszwiebeln und Pilze 2 Minuten anbraten. Zucker, Jakobsmuscheln, Ingwer, Bambussprossen, Salz und Pfeffer hinzufügen, abdecken und 5 Minuten kochen lassen. Wasser und Essig hinzufügen, aufkochen, abdecken und 5 Minuten köcheln lassen. Maismehl und Wasser zu einer Paste vermischen, in die Pfanne geben und unter Rühren köcheln lassen, bis die Sauce eindickt. Sojasauce darüber streuen und servieren.

Eierpilger

Für 4 Personen

45 ml / 3 Esslöffel Arachisöl (Erdnüsse).
350 g geschälte Jakobsmuscheln
25 g gehackter Räucherschinken
30 ml / 2 Esslöffel Reiswein oder trockener Sherry
5 ml / 1 Teelöffel Zucker
2,5 ml / ¬Ω Teelöffel Salz
eine Prise frisch gemahlener Pfeffer
2 Eier, leicht geschlagen
15 ml / 1 Esslöffel Sojasauce

Das Öl erhitzen und die Jakobsmuscheln 30 Sekunden braten. Den Schinken dazugeben und 1 Minute braten, bis er braun ist. Wein oder Sherry, Zucker, Salz und Pfeffer hinzufügen und 1

Minute kochen lassen. Die Eier dazugeben und bei starker Hitze vorsichtig verrühren, bis die Zutaten gut mit dem Ei bedeckt sind. Mit Sojasauce bestreut servieren.

Brokkoli-Jakobsmuscheln

Für 4 Personen

350 g geschnittene Jakobsmuscheln

3 Scheiben Ingwerwurzel, gehackt

¬Ω kleine Karotte, in Scheiben geschnitten

1 Knoblauchzehe, zerdrückt

45 ml / 3 Esslöffel Mehl (für alle Anwendungen).

2,5 ml / ¬Ω Teelöffel Backpulver (Hefepulver)

30 ml / 2 Esslöffel Arachisöl (Erdnüsse).

15 ml / 1 Esslöffel Wasser

1 Banane, in Scheiben geschnitten

Frittieröl

275 g Brokkoli

Salzig

5 ml / 1 Teelöffel Sesamöl

2,5 ml / ¬Ω Teelöffel scharfe Soße

2,5 ml / ¬Ω Teelöffel Essig

2,5 ml / ¬Ω Teelöffel Tomatenmark √ © e (Paste)

Die Jakobsmuscheln mit Ingwer, Karotte und Knoblauch vermischen und stehen lassen. Mehl, Backpulver, 15 ml/1 Esslöffel Öl und Wasser zu einer Paste verrühren und die Bananenscheiben damit bestreichen. Das Öl erhitzen und die Kochbananen goldbraun braten, abtropfen lassen und in eine heiße Pfanne legen. In der Zwischenzeit den Brokkoli in kochendem Salzwasser weich kochen und abtropfen lassen. Das restliche Öl mit dem Sesamöl erhitzen und den Brokkoli kurz anbraten. Anschließend mit den Kochbananen rund um den Teller anrichten. Chilisauce, Essig und Tomatenpüree in die Pfanne geben und die Jakobsmuscheln darin anbraten, bis sie gar sind.

Ingwerpilger

Für 4 Personen

45 ml / 3 Esslöffel Arachisöl (Erdnüsse).

2,5 ml / ¬Ω Teelöffel Salz

3 Scheiben Ingwerwurzel, gehackt

2 Frühlingszwiebeln (Frühlingszwiebeln), in dicke Scheiben geschnitten

450 g geschälte Jakobsmuscheln, halbiert

15 ml / 1 Esslöffel Maismehl (Maisstärke)

60 ml / 4 Esslöffel Wasser

Das Öl erhitzen und das Salz und den Ingwer 30 Sekunden lang anbraten. Den Schnittlauch hinzufügen und goldbraun braten. Die Jakobsmuscheln dazugeben und 3 Minuten braten, bis sie braun sind. Maismehl und Wasser zu einer Paste vermischen, in die Pfanne geben und bei schwacher Hitze unter Rühren kochen, bis die Masse eindickt. Sofort servieren.

Jakobsmuscheln mit Schinken

Für 4 Personen

450 g geschälte Jakobsmuscheln, halbiert

250 ml / 8 fl oz / 1 Tasse Reiswein oder trockener Sherry

1 Zwiebel, fein gehackt

2 Scheiben Ingwer, gehackt

2,5 ml / ¬Ω Teelöffel Salz

100 g gehackter Räucherschinken

Die Jakobsmuscheln in eine Schüssel geben und den Wein oder Sherry hinzufügen. Abdecken und 30 Minuten marinieren, dabei gelegentlich wenden, dann die Jakobsmuscheln abtropfen lassen und die Marinade wegschütten. Die Jakobsmuscheln zusammen mit den anderen Zutaten in eine Auflaufform geben. Stellen Sie die Pfanne auf einen Rost in einem Dampfgarer, decken Sie sie ab und dämpfen Sie sie etwa 6 Minuten lang in kochendem Wasser, bis die Jakobsmuscheln gar sind.

Rührei mit Jakobsmuscheln und Kräutern

Für 4 Personen

225 g geschälte Jakobsmuscheln
30 ml / 2 Esslöffel gehackter frischer Koriander
4 geschlagene Eier
15 ml / 1 EL Reiswein oder trockener Sherry
Salz und frisch gemahlener Pfeffer
15 ml / 1 Esslöffel Arachidöl (Erdnussöl).

Die Jakobsmuscheln in einen Dampfgarer geben und je nach Größe etwa 3 Minuten dämpfen. Aus dem Dampfgarer nehmen und mit Koriander bestreuen. Die Eier mit dem Wein oder Sherry verquirlen und mit Salz und Pfeffer würzen. Jakobsmuscheln und Koriander hinzufügen. Das Öl erhitzen und die Eiermuscheln unter ständigem Rühren anbraten, bis die Eier fest geworden sind. Sofort servieren.

Pilger und Röstzwiebeln

Für 4 Personen

45 ml / 3 Esslöffel Arachisöl (Erdnüsse).
1 Zwiebel, gehackt
450 g geschälte Jakobsmuscheln, geviertelt
Salz und frisch gemahlener Pfeffer
15 ml / 1 EL Reiswein oder trockener Sherry

Das Öl erhitzen und die Zwiebel darin anbraten, bis sie weich ist. Die Jakobsmuscheln dazugeben und goldbraun braten. Mit Salz und Pfeffer würzen, mit Wein oder Sherry übergießen und sofort servieren.

Gemüsepilger

Für 4 6 6 Personen

4 getrocknete chinesische Pilze

2 Zwiebeln

30 ml / 2 Esslöffel Arachisöl (Erdnüsse).

3 Stangen Sellerie, schräg geschnitten

225 g grüne Bohnen, schräg geschnitten

10 ml / 2 Teelöffel geriebene Ingwerwurzel

1 Knoblauchzehe, zerdrückt

20 ml / 4 Teelöffel Maismehl (Maisstärke)

250 ml / 8 fl oz / 1 Tasse Hühnerbrühe

30 ml / 2 Esslöffel Reiswein oder trockener Sherry

30 ml / 2 Esslöffel Sojasauce

450 g geschälte Jakobsmuscheln, geviertelt

6 Frühlingszwiebeln (Frühlingszwiebeln), in Scheiben geschnitten

425 g Maiskolben aus der Dose

Die Pilze 30 Minuten in lauwarmem Wasser einweichen und anschließend abtropfen lassen. Die Stiele entfernen und die Köpfe abschneiden. Die Zwiebel vierteln und die Schichten trennen. Das Öl erhitzen und Zwiebeln, Sellerie, Bohnen, Ingwer und Knoblauch 3 Minuten anbraten. Die Maisstärke mit etwas Brühe vermischen und die restliche Brühe, den Wein oder Sherry und die Sojasauce hinzufügen. In den Wok geben und unter Rühren aufkochen. Pilze, Jakobsmuscheln, Frühlingszwiebeln und Mais dazugeben und ca. 5 Minuten kochen, bis die Jakobsmuscheln weich sind.

Paprika-Pilger

Für 4 Personen

30 ml / 2 Esslöffel Arachisöl (Erdnüsse).

3 Frühlingszwiebeln (Frühlingszwiebeln), gehackt

1 Knoblauchzehe, zerdrückt

2 Scheiben Ingwer, gehackt

2 rote Paprika, gewürfelt

450 g geschälte Jakobsmuscheln

30 ml / 2 Esslöffel Reiswein oder trockener Sherry

15 ml / 1 Esslöffel Sojasauce

15 ml / 1 Esslöffel gelbe Bohnensauce

5 ml / 1 Teelöffel Zucker

5 ml / 1 Teelöffel Sesamöl

Das Öl erhitzen und die Frühlingszwiebeln, den Knoblauch und den Ingwer 30 Sekunden lang anbraten. Den Pfeffer hinzufügen und 1 Minute lang braten, bis er braun ist. Die Jakobsmuscheln hinzufügen und 30 Sekunden kochen lassen. Dann die anderen Zutaten hinzufügen und etwa 3 Minuten kochen lassen, bis die Jakobsmuscheln gar sind.

Oktopus mit Sojasprossen

Für 4 Personen

450 Gramm Tintenfisch

30 ml / 2 Esslöffel Arachisöl (Erdnüsse).

15 ml / 1 EL Reiswein oder trockener Sherry

100 g Sojasprossen

15 ml / 1 Esslöffel Sojasauce

Salzig

1 gehackte rote Paprika

2 Scheiben Ingwer, gehackt

2 Frühlingszwiebeln (Frühlingszwiebeln), gehackt

Entfernen Sie Kopf, Eingeweide und Membran vom Tintenfisch und schneiden Sie ihn in große Stücke. Schneiden Sie auf jedes Stück ein Gittermuster. Wasser in einem Topf aufkochen, den Tintenfisch dazugeben und bei schwacher Hitze kochen, bis die Stücke schrumpelig sind, abgießen und abtropfen lassen. Die Hälfte des Öls erhitzen und den Tintenfisch kurz darin anbraten, bis er braun ist. Mit Wein oder Sherry ablöschen. In der Zwischenzeit das restliche Öl erhitzen und die Sojasprossen weich braten. Mit Sojasauce und Salz würzen. Chilischote, Ingwer und Frühlingszwiebeln in einer Servierschüssel anrichten. Legen Sie die Sojasprossen in die Mitte und den Tintenfisch darauf. Sofort servieren.

Fritierter Tintenfisch

Für 4 Personen

50 g Mehl (für alle Verwendungszwecke).

25 g / 1 oz / ¼ Tasse Maismehl (Maisstärke)

2,5 ml / ¬Ω Teelöffel Backpulver

2,5 ml / ¬Ω Teelöffel Salz

1 Ei

75 ml / 5 Esslöffel Wasser

15 ml / 1 Esslöffel Arachidöl (Erdnussöl).

450 g Tintenfisch in Scheiben schneiden

Frittieröl

Mehl, Maisstärke, Backpulver, Salz, Ei, Wasser und Öl zu einer Paste verrühren. Tauchen Sie den Tintenfisch in den Teig, bis er gut bedeckt ist. Das Öl erhitzen und den Tintenfisch nach und nach goldbraun braten. Vor dem Servieren auf saugfähigem Papier abtropfen lassen.

Oktopus-Verpackung

Für 4 Personen

8 getrocknete chinesische Pilze

450 Gramm Tintenfisch

100 g geräucherter Schinken

100 g Tofu

1 geschlagenes Ei

15 ml / 1 Esslöffel Mehl (für alle Anwendungen).

2,5 ml / ¬Ω Teelöffel Zucker

2,5 ml / ¬Ω Teelöffel Sesamöl

Salz und frisch gemahlener Pfeffer

8 Wan-Tan-Wrapper

Frittieröl

Die Pilze 30 Minuten in lauwarmem Wasser einweichen und anschließend abtropfen lassen. Entsorgen Sie die Stiele. Den Tintenfisch putzen und in 8 Stücke schneiden. Schinken und Tofu in 8 Stücke schneiden. Alles in eine Schüssel geben. Das Ei mit Mehl, Zucker, Sesamöl, Salz und Pfeffer vermischen. Geben Sie die Zutaten in den Behälter und vermischen Sie sie vorsichtig. Einen Pilz und ein Stück Tintenfisch, Schinken und Tofu knapp unter die Mitte jedes Wan-Tan-Wraps legen. Falten

Sie die untere Ecke nach hinten, falten Sie die Seiten nach innen und rollen Sie es dann auf. Befeuchten Sie die Kanten mit Wasser, um sie abzudichten. Das Öl erhitzen und die Fleischbällchen etwa 8 Minuten lang goldbraun braten. Vor dem Servieren gut abtropfen lassen.

Frittierte Tintenfischröllchen

Für 4 Personen

45 ml / 3 Esslöffel Arachisöl (Erdnüsse).

225 g Tintenfischscheiben

1 große grüne Paprika, in Stücke geschnitten

100 g Bambussprossen, in Scheiben geschnitten

2 Frühlingszwiebeln (Frühlingszwiebeln), fein gehackt

1 Scheibe Ingwer, fein gehackt

45 ml / 2 Esslöffel Sojasauce

30 ml / 2 Esslöffel Reiswein oder trockener Sherry
15 ml / 1 Esslöffel Maismehl (Maisstärke)
15 ml / 1 Esslöffel Fischbrühe oder Wasser
5 ml / 1 Teelöffel Zucker
5 ml / 1 Teelöffel Essig
5 ml / 1 Teelöffel Sesamöl
Salz und frisch gemahlener Pfeffer

15 ml/1 Esslöffel Öl erhitzen und den Tintenfisch kurz anbraten, bis er gut verschlossen ist. In der Zwischenzeit das restliche Öl in einer separaten Pfanne erhitzen und Paprika, Bambussprossen, Frühlingszwiebeln und Ingwer 2 Minuten anbraten. Den Tintenfisch dazugeben und 1 Minute braten. Sojasauce, Wein oder Sherry, Maisstärke, Brühe, Zucker, Essig und Sesamöl verrühren und mit Salz und Pfeffer würzen. Kochen, bis die Soße leicht wird und eindickt.

fritierter Tintenfisch

Für 4 Personen

45 ml / 3 Esslöffel Arachisöl (Erdnüsse).

3 Frühlingszwiebeln (Frühlingszwiebeln), in dicke Scheiben geschnitten

2 Scheiben Ingwer, gehackt

450 g Tintenfisch in Stücke schneiden

15 ml / 1 Esslöffel Sojasauce

15 ml / 1 EL Reiswein oder trockener Sherry

5 ml / 1 Teelöffel Maismehl (Maisstärke)

15 ml / 1 Esslöffel Wasser

Das Öl erhitzen und die Frühlingszwiebeln und den Ingwer darin anbraten, bis sie weich sind. Den Tintenfisch hinzufügen und braten, bis er mit Öl bedeckt ist. Sojasauce und Wein oder Sherry hinzufügen, abdecken und 2 Minuten köcheln lassen. Maismehl und Wasser zu einer Paste vermischen, in die Pfanne geben und bei schwacher Hitze unter Rühren kochen, bis die Sauce eindickt und der Tintenfisch gar ist.

Oktopus mit getrockneten Pilzen

Für 4 Personen

50 g getrocknete chinesische Pilze

450 g Tintenfischscheiben

45 ml / 3 Esslöffel Arachisöl (Erdnüsse).

45 ml / 3 Esslöffel Sojasauce

2 Frühlingszwiebeln (Frühlingszwiebeln), fein gehackt

1 Scheibe Ingwer, fein gehackt

225 g Bambussprossen in Streifen schneiden

30 ml / 2 Esslöffel Maismehl (Maisstärke)

150 ml / ¬° pt / gute ¬Ω Tasse Fischbrühe

Die Pilze 30 Minuten in lauwarmem Wasser einweichen und anschließend abtropfen lassen. Die Stiele entfernen und die Köpfe abschneiden. Den Tintenfisch einige Sekunden in kochendem Wasser blanchieren. Das Öl erhitzen, dann die Pilze, Soja, Frühlingszwiebeln und Ingwer hinzufügen und 2 Minuten braten. Den Tintenfisch und die Bambussprossen dazugeben und 2 Minuten braten. Speisestärke und Brühe vermischen und in die Pfanne rühren. Bei schwacher Hitze unter Rühren köcheln lassen, bis die Sauce klar wird und eindickt.

Oktopus mit Gemüse

Für 4 Personen

45 ml / 3 Esslöffel Arachisöl (Erdnüsse).

1 Zwiebel, gehackt

5 ml / 1 Teelöffel Salz

450 g Tintenfisch in Stücke schneiden

100 g Bambussprossen, in Scheiben geschnitten

2 Stangen Sellerie, schräg geschnitten

60 ml / 4 Esslöffel Hühnerbrühe

5 ml / 1 Teelöffel Zucker

100 g Zuckerschoten (grüne Erbsen)

5 ml / 1 Teelöffel Maismehl (Maisstärke)

15 ml / 1 Esslöffel Wasser

Das Öl erhitzen und die Zwiebel und das Salz goldbraun braten. Den Tintenfisch hinzufügen und braten, bis er mit Öl bedeckt ist. Bambussprossen und Sellerie hinzufügen und 3 Minuten braten. Brühe und Zucker dazugeben, aufkochen und zugedeckt 3 Minuten garen, bis das Gemüse weich ist. Fügen Sie die scharfe Soße hinzu. Maismehl und Wasser zu einer Paste vermischen, in die Pfanne geben und unter Rühren köcheln lassen, bis die Sauce eindickt.

Rindereintopf mit Anis

Für 4 Personen

30 ml / 2 Esslöffel Arachisöl (Erdnüsse).

450 g Hackfleisch

1 Knoblauchzehe, zerdrückt

45 ml / 3 Esslöffel Sojasauce

15 ml / 1 Esslöffel Wasser

15 ml / 1 EL Reiswein oder trockener Sherry

5 ml / 1 Teelöffel Salz

5 ml / 1 Teelöffel Zucker

2 Sternaniskapseln

Das Öl erhitzen und das Fleisch darin von allen Seiten braun anbraten. Die restlichen Zutaten hinzufügen, aufkochen und zugedeckt ca. 45 Minuten köcheln lassen. Drehen Sie das Fleisch um, fügen Sie etwas Wasser und Soja hinzu, falls das Fleisch auszutrocknen beginnt. Weitere 45 Minuten kochen, bis das Fleisch gar ist. Vor dem Servieren den Sternanis untermischen.

Kalbfleisch mit Spargel

Für 4 Personen

450 g gewürfelter Kalbsschwanz

30 ml / 2 Esslöffel Sojasauce

30 ml / 2 Esslöffel Reiswein oder trockener Sherry

45 ml / 3 Esslöffel Maismehl (Maisstärke)

45 ml / 3 Esslöffel Arachisöl (Erdnüsse).

5 ml / 1 Teelöffel Salz

1 Knoblauchzehe, zerdrückt

350 g Spargelspitzen

120 ml Hühnerbrühe

15 ml / 1 Esslöffel Sojasauce

Legen Sie das Steak in eine Schüssel. Sojasauce, Wein oder Sherry und 30 ml / 2 EL verrühren. Speisestärke hinzufügen, über den Braten gießen und gut vermischen. 30 Minuten marinieren lassen. Öl mit Salz und Knoblauch erhitzen und anbraten, bis der Knoblauch leicht goldbraun ist. Fleisch und Marinade dazugeben und 4 Minuten braten, bis es braun ist. Den Spargel dazugeben und in einer Pfanne 2 Minuten anbraten. Brühe und Soja dazugeben, aufkochen und unter Rühren 3 Minuten garen, bis das Fleisch gar ist. Restliche Speisestärke mit etwas Wasser oder Brühe verrühren und zur Soße geben. Unter Rühren einige Minuten köcheln lassen, bis die Sauce heller und dicker wird.

Rindfleisch mit Bambussprossen

Für 4 Personen

45 ml / 3 Esslöffel Arachisöl (Erdnüsse).

1 Knoblauchzehe, zerdrückt

1 Frühlingszwiebel (Frühlingszwiebel), gehackt
1 Scheibe Ingwer, fein gehackt
225 g mageres Rindfleisch, in Streifen geschnitten
100 g Bambussprossen
45 ml / 3 Esslöffel Sojasauce
15 ml / 1 EL Reiswein oder trockener Sherry
5 ml / 1 Teelöffel Maismehl (Maisstärke)

Das Öl erhitzen und Knoblauch, Frühlingszwiebel und Ingwer goldbraun braten. Das Fleisch hinzufügen und 4 Minuten lang braun braten. Die Bambussprossen hinzufügen und 3 Minuten braten. Sojasauce, Wein oder Sherry und Maisstärke hinzufügen und 4 Minuten braten.

Rindfleisch mit Bambussprossen und Pilzen

Für 4 Personen

225 g mageres Rindfleisch
45 ml / 3 Esslöffel Arachisöl (Erdnüsse).
1 Scheibe Ingwer, fein gehackt

100 g Bambussprossen, in Scheiben geschnitten
100 g Champignons, in Scheiben geschnitten
45 ml / 3 Esslöffel Reiswein oder trockener Sherry
5 ml / 1 Teelöffel Zucker
10 ml / 2 Teelöffel Sojasauce
Salz und Pfeffer
120 ml Rinderbrühe
15 ml / 1 Esslöffel Maismehl (Maisstärke)
30 ml / 2 Esslöffel Wasser

Das Fleisch quer zur Faser in dünne Scheiben schneiden. Das Öl erhitzen und den Ingwer einige Sekunden anbraten. Das Fleisch dazugeben und anbraten, bis es braun ist. Bambussprossen und Pilze dazugeben und 1 Minute braten. Wein oder Sherry, Zucker und Soja hinzufügen und mit Salz und Pfeffer würzen. Brühe hinzufügen, zum Kochen bringen, abdecken und 3 Minuten kochen lassen. Maisstärke und Wasser vermischen, in einen Topf gießen und unter Rühren köcheln lassen, bis die Sauce eindickt.

Geschmortes Rindfleisch nach chinesischer Art

Für 4 Personen
45 ml / 3 Esslöffel Arachisöl (Erdnüsse).
900 Gramm Steak
1 Frühlingszwiebel (Schalotte), in Scheiben geschnitten

1 Knoblauchzehe, gehackt

1 Scheibe Ingwer, fein gehackt

60 ml / 4 Esslöffel Sojasauce

30 ml / 2 Esslöffel Reiswein oder trockener Sherry

5 ml / 1 Teelöffel Zucker

5 ml / 1 Teelöffel Salz

Prise Pfeffer

750 ml / 1° Punkt / 3 Tassen kochendes Wasser

Das Öl erhitzen und das Fleisch darin von allen Seiten kurz anbraten. Frühlingszwiebeln, Knoblauch, Ingwer, Soja, Wein oder Sherry, Zucker, Salz und Pfeffer hinzufügen. Unter Rühren aufkochen. Das kochende Wasser hinzufügen, unter Rühren erneut aufkochen lassen und zugedeckt ca. 2 Stunden köcheln lassen, bis das Fleisch gar ist.

Rindfleisch mit Sojasprossen

Für 4 Personen

450 g mageres Rindfleisch, in Scheiben geschnitten

1 Eiweiß

30 ml / 2 Esslöffel Arachisöl (Erdnüsse).

15 ml / 1 Esslöffel Maismehl (Maisstärke)

15 ml / 1 Esslöffel Sojasauce

100 g Sojasprossen

25 g Sauerkraut, zerkleinert

1 gehackte rote Paprika

2 Frühlingszwiebeln (Frühlingszwiebeln), gehackt

2 Scheiben Ingwer, gehackt

Salzig

5 ml / 1 Teelöffel Austernsauce

5 ml / 1 Teelöffel Sesamöl

Das Fleisch mit dem Eiweiß, der Hälfte des Öls, der Speisestärke und dem Soja vermischen und 30 Minuten ruhen lassen. Die Sojasprossen in kochendem Wasser ca. 8 Minuten blanchieren, bis sie fast weich sind, dann abtropfen lassen. Das restliche Öl erhitzen und das Fleisch braun anbraten, dann aus der Pfanne nehmen. Kohl, Chilischote, Ingwer, Salz, Austernsauce und Sesamöl hinzufügen und 2 Minuten braten. Die Sojasprossen hinzufügen und 2 Minuten braten. Geben Sie das Fleisch wieder in die Pfanne und kochen Sie es, bis es gut vermischt und durchgewärmt ist. Sofort servieren.

Rindfleisch mit Broccoli

Für 4 Personen

1 Pfund/450 g Rindersteißbein, in dünne Scheiben geschnitten
30 ml / 2 Esslöffel Maismehl (Maisstärke)
15 ml / 1 EL Reiswein oder trockener Sherry
15 ml / 1 Esslöffel Sojasauce
30 ml / 2 Esslöffel Arachisöl (Erdnüsse).
5 ml / 1 Teelöffel Salz
1 Knoblauchzehe, zerdrückt
225 g Brokkoliröschen
150 ml / ¬° pt / reichlich ¬Ω Tasse Rinderbrühe

Legen Sie das Steak in eine Schüssel. 15 ml / 1 Esslöffel Speisestärke mit Wein oder Sherry und Sojasauce vermischen, das Fleisch dazugeben und 30 Minuten marinieren lassen. Öl mit Salz und Knoblauch erhitzen und anbraten, bis der Knoblauch leicht goldbraun ist. Steak und Marinade dazugeben und 4 Minuten braten, bis es braun ist. Den Brokkoli dazugeben und 3 Minuten braten, bis er braun ist. Die Brühe hinzufügen, zum Kochen bringen, abdecken und 5 Minuten kochen lassen, bis der Brokkoli zart, aber noch knusprig ist. Restliche Speisestärke mit etwas Wasser verrühren und in die Soße geben. Bei schwacher

Hitze unter Rühren köcheln lassen, bis die Sauce leicht wird und eindickt.

Sesamsteak mit Brokkoli

Für 4 Personen

150 g mageres Rindfleisch, in dünne Scheiben geschnitten

2,5 ml / ¬Ω Teelöffel Austernsauce

5 ml / 1 Teelöffel Maismehl (Maisstärke)

5 ml / 1 Teelöffel Weißweinessig

60 ml / 4 Esslöffel Arachisöl (Erdnüsse).

100 g Brokkoliröschen

5 ml / 1 Teelöffel Fischsauce

2,5 ml / ¬Ω Teelöffel Sojasauce

250 ml / 8 fl oz / 1 Tasse Rinderbrühe

30 ml / 2 Esslöffel Sesamkörner

Das Fleisch mit der Austernsauce, 2,5 ml / ¬Ω TL Speisestärke, 2,5 ml / ¬Ω TL Essig und 15 ml / 1 EL Öl 1 Stunde marinieren.

In der Zwischenzeit 15 ml / 1 EL Öl erhitzen, Brokkoli, 2,5 ml / ¬Ω TL Fischsauce, Sojasauce und den restlichen Essig hinzufügen und mit kochendem Wasser bedecken. Bei schwacher Hitze etwa 10 Minuten kochen, bis es weich ist.

30 ml / 2 EL Öl in einer separaten Pfanne erhitzen und das Fleisch darin kurz braun anbraten. Brühe, restliche Maisstärke und Fischsoße dazugeben, zum Kochen bringen, abdecken und etwa 10 Minuten köcheln lassen, bis das Fleisch zart ist. Den Brokkoli abtropfen lassen und auf eine heiße Platte legen. Das Fleisch darauf legen und großzügig mit Sesam bestreuen.

Gegrilltes Fleisch

Für 4 Personen

450 g mageres Steak, in Scheiben geschnitten
60 ml / 4 Esslöffel Sojasauce
2 Knoblauchzehen, gehackt

5 ml / 1 Teelöffel Salz

2,5 ml / ¬Ω Teelöffel frisch gemahlener Pfeffer

10 ml / 2 Teelöffel Zucker

Alle Zutaten vermischen und 3 Stunden lang gären lassen. Auf dem heißen Grill auf jeder Seite ca. 5 Minuten braten oder grillen.

Kantonesisches Fleisch

Für 4 Personen

30 ml / 2 Esslöffel Maismehl (Maisstärke)

2 Eiweiß, steif geschlagen

450 g Steak, in Streifen geschnitten

Frittieröl

4 Stangen Sellerie, in Scheiben geschnitten

2 Zwiebeln, in Scheiben geschnitten

60 ml / 4 Esslöffel Wasser

20 ml / 4 Teelöffel Salz

75 ml / 5 Esslöffel Sojasauce

60 ml / 4 Esslöffel Reiswein oder trockener Sherry

30 ml / 2 Esslöffel Zucker

frisch gemahlener Pfeffer

Die Hälfte der Speisestärke mit dem Eiweiß verrühren. Den Braten hinzufügen und umrühren, um das Fleisch mit den Nudeln zu umhüllen. Das Öl erhitzen und das Steak goldbraun braten. Aus der Pfanne nehmen und auf Küchenpapier abtropfen lassen. 15 ml/1 Esslöffel Öl erhitzen und Sellerie und Zwiebel 3 Minuten anbraten. Fleisch, Wasser, Salz, Soja, Wein oder Sherry und Zucker hinzufügen und mit Pfeffer würzen. Zum Kochen bringen und unter Rühren köcheln lassen, bis die Soße eindickt.

Rindfleisch mit Karotten

Für 4 Personen

30 ml / 2 Esslöffel Arachisöl (Erdnüsse).

450 g mageres Rindfleisch, gewürfelt

2 Frühlingszwiebeln (Frühlingszwiebeln), in Scheiben geschnitten

2 Knoblauchzehen, gehackt

1 Scheibe Ingwer, fein gehackt

250 ml Sojasauce

30 ml / 2 Esslöffel Reiswein oder trockener Sherry

30 ml / 2 Esslöffel brauner Zucker

5 ml / 1 Teelöffel Salz

600 ml / 1 pt / 2 ¬Ω Tasse Wasser

4 Karotten, schräg geschnitten

Das Öl erhitzen und das Fleisch goldbraun braten. Überschüssiges Öl abgießen, Frühlingszwiebeln, Knoblauch, Ingwer und Anis hinzufügen und 2 Minuten braten. Sojasauce, Wein oder Sherry, Zucker und Salz hinzufügen und gut vermischen. Wasser hinzufügen, zum Kochen bringen, abdecken und 1 Stunde köcheln lassen. Die Karotten dazugeben, abdecken und weitere 30 Minuten kochen lassen. Den Deckel abnehmen und köcheln lassen, bis die Soße eingekocht ist.

Cashewnussfleisch

Für 4 Personen

60 ml / 4 Esslöffel Arachisöl (Erdnüsse).
1 Pfund/450 g Rindersteißbein, in dünne Scheiben geschnitten
8 Frühlingszwiebeln (Frühlingszwiebeln), gehackt
2 Knoblauchzehen, gehackt

1 Scheibe Ingwer, fein gehackt

75 g / 3 oz / ¬œ Tasse geröstete Cashewnüsse

120 ml / 4 fl oz / ¬Ω Tasse Wasser

20 ml / 4 Teelöffel Maismehl (Maisstärke)

20 ml / 4 Teelöffel Sojasauce

5 ml / 1 Teelöffel Sesamöl

5 ml / 1 Teelöffel Austernsauce

5 ml / 1 Teelöffel scharfe Soße

Die Hälfte des Öls erhitzen und das Fleisch anbraten, bis es braun ist. Aus der Pfanne nehmen. Restliches Öl erhitzen und Frühlingszwiebel, Knoblauch, Ingwer und Cashewnüsse 1 Minute anbraten. Legen Sie das Fleisch wieder in den Bräter. Mischen Sie die restlichen Zutaten und gießen Sie die Mischung in die Pfanne. Zum Kochen bringen und unter Rühren köcheln lassen, bis die Mischung eindickt.

Slow Cooker für Rindfleisch

Für 4 Personen

30 ml / 2 Esslöffel Arachisöl (Erdnüsse).

450 g Rindereintopf in Würfeln

3 Scheiben Ingwerwurzel, gehackt

3 Karotten, in Scheiben geschnitten

1 Rübe, in Würfel schneiden

15 ml / 1 Esslöffel entkernte schwarze Datteln
15 ml / 1 Esslöffel Lotussamen
30 ml / 2 Esslöffel Tomatenpüree √ © e (Paste)
10 ml / 2 Esslöffel Salz
900 ml Rinderbrühe
250 ml / 8 fl oz / 1 Tasse Reiswein oder trockener Sherry

Erhitzen Sie das Öl in einer großen Pfanne oder einer ofenfesten Bratpfanne und braten Sie das Fleisch darin von allen Seiten gut an.

Rindfleisch mit Blumenkohl

Für 4 Personen

225 g Blumenkohlröschen
Frittieröl
225 g Rindfleisch, in Streifen geschnitten
50 g Bambussprossen in Streifen schneiden
10 Wasserkastanien, in Streifen geschnitten

120 ml Hühnerbrühe

15 ml / 1 Esslöffel Sojasauce

15 ml / 1 Esslöffel Austernsauce

15 ml / 1 Esslöffel Tomatenpüree √ © e (Paste)

15 ml / 1 Esslöffel Maismehl (Maisstärke)

2,5 ml / ¬Ω Teelöffel Sesamöl

Den Blumenkohl in kochendem Wasser 2 Minuten blanchieren und abtropfen lassen. Das Öl erhitzen und den Blumenkohl goldbraun braten. Abgießen und auf saugfähigem Papier abtropfen lassen. Das Öl erhitzen und das Fleisch braun anbraten, abtropfen lassen und abtropfen lassen. Gießen Sie alles bis auf 15 ml/1 Esslöffel Öl hinein und braten Sie die Bambussprossen und Wasserkastanien 2 Minuten lang an. Die restlichen Zutaten dazugeben, aufkochen und unter Rühren köcheln lassen, bis die Soße eindickt. Fleisch und Blumenkohl wieder in die Pfanne geben und leicht erhitzen. Sofort servieren.

Kalbfleisch mit Sellerie

Für 4 Personen

100 g Sellerie in Streifen schneiden

45 ml / 3 Esslöffel Arachisöl (Erdnüsse).

2 Frühlingszwiebeln (Frühlingszwiebeln), gehackt

1 Scheibe Ingwer, fein gehackt

225 g mageres Rindfleisch, in Streifen geschnitten
30 ml / 2 Esslöffel Sojasauce
30 ml / 2 Esslöffel Reiswein oder trockener Sherry
2,5 ml / ¬Ω Teelöffel Zucker
2,5 ml / ¬Ω Teelöffel Salz

Den Sellerie 1 Minute in kochendem Wasser blanchieren und gut abtropfen lassen. Das Öl erhitzen und die Frühlingszwiebeln und den Ingwer goldbraun braten. Das Fleisch dazugeben und 4 Minuten braten, bis es braun ist. Den Sellerie hinzufügen und 2 Minuten braten. Sojasauce, Wein oder Sherry, Zucker und Salz hinzufügen und 3 Minuten braten.

Gebratene Rindfleischscheiben mit Sellerie

Für 4 Personen

30 ml / 2 Esslöffel Arachisöl (Erdnüsse).
450 g mageres Rindfleisch, in Flocken geschnitten
3 Stangen Sellerie, gehackt
1 gehackte Zwiebel

1 Frühlingszwiebel (Schalotte), in Scheiben geschnitten

1 Scheibe Ingwer, fein gehackt

30 ml / 2 Esslöffel Sojasauce

15 ml / 1 EL Reiswein oder trockener Sherry

2,5 ml / ½ Teelöffel Zucker

2,5 ml / ½ Teelöffel Salz

10 ml / 2 Teelöffel Maismehl (Maisstärke)

30 ml / 2 Esslöffel Wasser

Die Hälfte des Öls sehr heiß erhitzen und das Fleisch 1 Minute lang goldbraun braten. Aus der Pfanne nehmen. Restliches Öl erhitzen und Sellerie, Zwiebel, Frühlingszwiebel und Ingwer anbraten, bis sie leicht weich sind. Geben Sie das Fleisch mit Sojasauce, Wein oder Sherry, Zucker und Salz wieder in die Pfanne, lassen Sie es kochen und braten Sie es gründlich an. Speisestärke und Wasser vermischen, in die Pfanne geben und köcheln lassen, bis die Soße eindickt. Sofort servieren.

Geschnetzeltes Rindfleisch mit Hühnchen und Sellerie

Für 4 Personen

4 getrocknete chinesische Pilze

45 ml / 3 Esslöffel Arachisöl (Erdnüsse).

2 Knoblauchzehen, gehackt

1 Ingwerwurzel, in Scheiben geschnitten, fein gehackt

5 ml / 1 Teelöffel Salz

100 g mageres Rindfleisch, in Streifen geschnitten

100 g Hähnchen, in Streifen geschnitten

2 Karotten, in Streifen schneiden

2 Stangen Sellerie, in Streifen geschnitten

4 Frühlingszwiebeln (Frühlingszwiebeln), in Streifen geschnitten

5 ml / 1 Teelöffel Zucker

5 ml / 1 Teelöffel Sojasauce

5 ml / 1 Teelöffel Reiswein oder trockener Sherry

45 ml / 3 Esslöffel Wasser

5 ml / 1 Teelöffel Maismehl (Maisstärke)

Die Pilze 30 Minuten in lauwarmem Wasser einweichen und anschließend abtropfen lassen. Die Stiele entfernen und die Kappen fein hacken. Das Öl erhitzen und Knoblauch, Ingwer und Salz goldbraun braten. Das Rind- und Hähnchenfleisch dazugeben und anbraten, bis es anfängt zu bräunen. Sellerie, Frühlingszwiebeln, Zucker, Soja, Wein oder Sherry und Wasser hinzufügen und zum Kochen bringen. Abdecken und etwa 15 Minuten köcheln lassen, bis das Fleisch zart ist. Die Speisestärke mit etwas Wasser verrühren, in die Soße geben und unter Rühren kochen, bis die Soße eindickt.

350 g Pak Choi, gerieben

120 ml Rinderbrühe

Salz und frisch gemahlener Pfeffer

10 ml / 2 Teelöffel Maismehl (Maisstärke)

30 ml / 2 Esslöffel Wasser

Das Fleisch quer zur Faser in dünne Scheiben schneiden. Das Öl erhitzen und das Fleisch goldbraun braten. Pak Choi hinzufügen und kochen, bis es leicht weich ist. Brühe hinzufügen, aufkochen und mit Salz und Pfeffer würzen. Abdecken und 4 Minuten köcheln lassen, bis das Fleisch gar ist. Maisstärke und Wasser vermischen, in einen Topf gießen und unter Rühren köcheln lassen, bis die Sauce eindickt.

Kalbsschnitzel Suey

Für 4 Personen

3 Stangen Sellerie, in Scheiben geschnitten

100 g Sojasprossen

100 g Brokkoliröschen

60 ml / 4 Esslöffel Arachisöl (Erdnüsse).

3 Frühlingszwiebeln (Frühlingszwiebeln), gehackt

2 Knoblauchzehen, gehackt

1 Scheibe Ingwer, fein gehackt

225 g mageres Rindfleisch, in Streifen geschnitten

45 ml / 3 Esslöffel Sojasauce

15 ml / 1 EL Reiswein oder trockener Sherry

5 ml / 1 Teelöffel Salz

2,5 ml / ¬Ω Teelöffel Zucker

frisch gemahlener Pfeffer

15 ml / 1 Esslöffel Maismehl (Maisstärke)

Sellerie, Sojasprossen und Brokkoli in kochendem Wasser 2 Minuten blanchieren, abtropfen lassen und trocken tupfen. 45 ml/3 Esslöffel Öl erhitzen und Frühlingszwiebel, Knoblauch und Ingwer goldbraun braten. Das Fleisch dazugeben und 4 Minuten braten, bis es braun ist. Aus der Pfanne nehmen. Das restliche Öl erhitzen und das Gemüse 3 Minuten braten. Fleisch, Soja, Wein oder Sherry, Salz, Zucker und eine Prise Pfeffer hinzufügen und 2 Minuten braten. Die Speisestärke mit etwas Wasser verrühren, in die Pfanne geben und unter Rühren köcheln lassen, bis die Soße klar wird und eindickt.

Gurkenrindfleisch

Für 4 Personen

1 Pfund/450 g Rindersteißbein, in dünne Scheiben geschnitten
45 ml / 3 Esslöffel Sojasauce
30 ml / 2 Esslöffel Maismehl (Maisstärke)
60 ml / 4 Esslöffel Arachisöl (Erdnüsse).
2 Gurken, geschält, entkernt und in Scheiben geschnitten
60 ml / 4 Esslöffel Hühnerbrühe
30 ml / 2 Esslöffel Reiswein oder trockener Sherry
Salz und frisch gemahlener Pfeffer

Legen Sie das Steak in eine Schüssel. Sojasauce und Maisstärke mischen und mit dem Steak vermengen. 30 Minuten marinieren lassen. Die Hälfte des Öls erhitzen und die Gurken darin 3 Minuten braten, bis sie glasig sind. Anschließend aus der Pfanne nehmen. Das restliche Öl erhitzen und das Steak goldbraun braten. Die Gurken dazugeben und 2 Minuten braten. Brühe, Wein oder Sherry hinzufügen und mit Salz und Pfeffer würzen. Zum Kochen bringen, abdecken und 3 Minuten köcheln lassen.

Fleisch Chow Mein

Für 4 Personen

Von Hand filetiert 750 g / 1 ¬Ω lb

2 Zwiebeln

45 ml / 3 Esslöffel Sojasauce

45 ml / 3 Esslöffel Reiswein oder trockener Sherry

15 ml / 1 Esslöffel Erdnussbutter

5 ml / 1 Teelöffel Zitronensaft

350 g Eimasse

60 ml / 4 Esslöffel Arachisöl (Erdnüsse).

175 ml Hühnerbrühe

15 ml / 1 Esslöffel Maismehl (Maisstärke)

30 ml / 2 Esslöffel Austernsauce

4 Frühlingszwiebeln (Frühlingszwiebeln), gehackt

3 Stangen Sellerie, in Scheiben geschnitten

100 g Champignons, in Scheiben geschnitten

1 grüne Paprika, in Streifen geschnitten

100 g Sojasprossen

Schneiden Sie das Fett vom Fleisch ab und entfernen Sie es. Den Parmesankäse der Breite nach in dünne Scheiben schneiden. Die Zwiebel vierteln und die Schichten trennen. Mischen Sie 15 ml / 1 EL Sojasauce mit 15 ml / 1 EL Wein oder Sherry, Erdnussbutter und Zitronensaft. Das Fleisch hinzufügen, abdecken und 1 Stunde ruhen lassen. Kochen Sie die Nudeln in kochendem Wasser etwa 5 Minuten lang oder bis sie weich sind. Gut abtropfen lassen. 15 ml/1 Esslöffel Öl erhitzen, 15 ml/1 Esslöffel Sojasauce und die Nudeln hinzufügen und 2 Minuten goldbraun braten. In eine warme Servierschüssel geben.

Restliche Sojasauce und Wein oder Sherry mit Brühe, Maisstärke und Austernsauce vermischen. 15 ml / 1 Esslöffel Öl erhitzen und die Zwiebel 1 Minute anbraten. Sellerie, Pilze, Paprika und Sojasprossen hinzufügen und 2 Minuten braten. Aus dem Wok nehmen. Das restliche Öl erhitzen und das Fleisch darin braun anbraten. Brühe hinzufügen, zum Kochen bringen, abdecken und 3 Minuten kochen lassen. Geben Sie das Gemüse zurück in den Wok und kochen Sie es unter Rühren etwa 4 Minuten lang, bis es durchgewärmt ist. Die Mischung über die Nudeln gießen und servieren.

Gurkenbraten

Für 4 Personen

450 g Filetfilet

10 ml / 2 Teelöffel Maismehl (Maisstärke)

10 ml / 2 Teelöffel Salz

2,5 ml / ¬Ω Teelöffel frisch gemahlener Pfeffer

90 ml / 6 Esslöffel Arachidöl (Erdnussöl).

1 Zwiebel, fein gehackt

1 Gurke, geschält und in Scheiben geschnitten

120 ml Rinderbrühe

Schneiden Sie das Steak in Streifen und dann gegen die Faserrichtung in dünne Scheiben. In eine Schüssel geben und Maisstärke, Salz, Pfeffer und die Hälfte des Öls hinzufügen. 30 Minuten marinieren lassen. Das restliche Öl erhitzen und das Fleisch und die Zwiebeln darin goldbraun braten. Gurke und Brühe hinzufügen, aufkochen, abdecken und 5 Minuten kochen lassen.

Gebratenes Rindfleisch-Curry

Für 4 Personen

45 ml / 3 Esslöffel Butter

15 ml / 1 Esslöffel Currypulver

45 ml / 3 Esslöffel Mehl (für alle Anwendungen).

375 ml / 13 fl oz / 1 Ω Tasse Milch

15 ml / 1 Esslöffel Sojasauce

Salz und frisch gemahlener Pfeffer

450 g gekochtes Hackfleisch

100 g Erbsen

2 Karotten, gehackt

2 Zwiebeln, gehackt

225 g gekochter Langkornreis, scharf

1 hartgekochtes Ei, in Scheiben geschnitten

Butter schmelzen, Curry und Mehl hinzufügen und 1 Minute kochen lassen. Milch und Soja hinzufügen, aufkochen und unter Rühren 2 Minuten kochen lassen. Mit Salz und Pfeffer würzen. Fügen Sie Rindfleisch, Erbsen, Karotten und Zwiebeln hinzu und verrühren Sie alles gut, bis es mit der Sauce bedeckt ist. Den Reis dazugeben, die Mischung auf ein Backblech geben und im vorgeheizten Backofen bei 200 ∞ C / 400 ∞ F / Gasstufe 6 20

Minuten garen, bis das Gemüse weich ist. Mit hartgekochten Eischeiben servieren.

marinierte Abalone

Für 4 Personen

450 g Abalone aus der Dose

45 ml / 3 Esslöffel Sojasauce

30 ml / 2 Esslöffel Essig

5 ml / 1 Teelöffel Zucker

ein paar Tropfen Sesamöl

Die Abalone abtropfen lassen und in dünne Scheiben oder Streifen schneiden. Die restlichen Zutaten vermischen, über die Abalone gießen und gut vermischen. Abdecken und 1 Stunde kühl stellen.

Eintopf aus Bambussprossen

Für 4 Personen
60 ml / 4 Esslöffel Arachisöl (Erdnüsse).
225 g Bambussprossen in Streifen schneiden
60 ml / 4 Esslöffel Hühnerbrühe
15 ml / 1 Esslöffel Sojasauce
5 ml / 1 Teelöffel Zucker
5 ml / 1 Teelöffel Reiswein oder trockener Sherry

Das Öl erhitzen und die Bambussprossen 3 Minuten braten. Brühe, Soja, Zucker und Wein oder Sherry vermischen und in die Pfanne geben. Abdecken und bei schwacher Hitze 20 Minuten kochen lassen. Vor dem Servieren abkühlen lassen und abkühlen lassen.

Gurkenhuhn

Für 4 Personen

1 Gurke, geschält und entkernt

225 g gekochtes Hähnchen, in kleine Stücke geschnitten

5 ml / 1 Teelöffel Senfpulver

2,5 ml / ¬Ω Teelöffel Salz

30 ml / 2 Esslöffel Essig

Die Gurke in Streifen schneiden und auf einen Servierteller legen. Legen Sie das Hähnchen darauf. Senf, Salz und Essig vermischen und kurz vor dem Servieren über das Hähnchen gießen.

Sesame Chicken

Für 4 Personen

350 g gekochtes Hähnchen
120 ml / 4 fl oz / ½ Tasse Wasser
5 ml / 1 Teelöffel Senfpulver
15 ml / 1 Esslöffel Sesamkörner
2,5 ml / ½ Teelöffel Salz
eine Prise Zucker
45 ml / 3 Esslöffel gehackter frischer Koriander
5 Frühlingszwiebeln (Frühlingszwiebeln), gehackt
½ Kopfsalat, gerieben

Das Hähnchen in dünne Streifen schneiden. Mischen Sie so viel Wasser mit dem Senf, dass eine glatte Paste entsteht, und geben Sie diese zum Huhn. Die Sesamkörner in einer trockenen Pfanne rösten, bis sie eine leichte Farbe haben, zum Hähnchen geben und mit Salz und Zucker bestreuen. Die Hälfte der Petersilie und des Schnittlauchs hinzufügen und gut vermischen. Den Salat auf einen Servierteller geben, die Hähnchenmischung darauf geben und mit der restlichen Petersilie garnieren.

Ingwer-Litschi

Für 4 Personen

1 große Wassermelone, halbiert und entkernt
450 g Litschis aus der Dose, abgetropft
5 cm / 2 Stiele Ingwer, in Scheiben geschnitten
einige Minzblätter

Melonenhälften mit Litschi und Ingwer garnieren, mit Minzblättern garnieren. Vor dem Servieren abkühlen lassen.

Rot gekochte Hähnchenflügel

Für 4 Personen

8 Hühnerflügel

2 Frühlingszwiebeln (Frühlingszwiebeln), gehackt

75 ml / 5 Esslöffel Sojasauce

120 ml / 4 fl oz / ¬Ω Tasse Wasser

30 ml / 2 Esslöffel brauner Zucker

Die knöchernen Enden der Hähnchenflügel abschneiden, entsorgen und halbieren. Mit den anderen Zutaten in einen Topf geben, aufkochen, abdecken und bei schwacher Hitze 30 Minuten garen. Den Deckel abnehmen und weitere 15 Minuten bei schwacher Hitze garen, dabei häufig begießen. Abkühlen lassen und vor dem Servieren in den Kühlschrank stellen.

Krabbenfleisch mit Gurke

Für 4 Personen

100 g Krabbenfleisch, in Flocken

2 Gurken, geschält und gehackt

1 Scheibe Ingwer, fein gehackt

15 ml / 1 Esslöffel Sojasauce

30 ml / 2 Esslöffel Essig

5 ml / 1 Teelöffel Zucker

ein paar Tropfen Sesamöl

Krabbenfleisch und Gurke in eine Schüssel geben. Die restlichen Zutaten vermischen, über die Krabbenmischung gießen und gut vermischen. Vor dem Servieren abdecken und 30 Minuten im Kühlschrank lagern.

marinierter Pilz

Für 4 Personen

225 g Pilze

30 ml / 2 Esslöffel Sojasauce

15 ml / 1 EL Reiswein oder trockener Sherry

Prise Salz

ein paar Tropfen Tabasco

ein paar Tropfen Sesamöl

Die Pilze in kochendem Wasser 2 Minuten blanchieren, abtropfen lassen und trocken tupfen. Geben Sie es in eine Schüssel und gießen Sie die restlichen Zutaten darüber. Gut vermischen und vor dem Servieren abkühlen lassen.

Eingelegte Knoblauchpilze

Für 4 Personen

225 g Pilze

3 Knoblauchzehen, gehackt

30 ml / 2 Esslöffel Sojasauce

30 ml / 2 Esslöffel Reiswein oder trockener Sherry

15 ml / 1 Esslöffel Sesamöl

Prise Salz

Champignons und Knoblauch in ein Sieb geben, mit kochendem Wasser übergießen und 3 Minuten ziehen lassen. Abtropfen lassen und gut trocknen. Die restlichen Zutaten vermischen, die Marinade über die Pilze gießen und 1 Stunde marinieren lassen.

Garnelen und Blumenkohl

Für 4 Personen

225 g Blumenkohlröschen

100 g geschälte Garnelen

15 ml / 1 Esslöffel Sojasauce

5 ml / 1 Teelöffel Sesamöl

Den Blumenkohl separat ca. 5 Minuten kochen, bis er weich, aber noch knusprig ist. Mit Garnelen vermischen, mit Sojasauce und Sesamöl bestreuen und vermischen. Vor dem Servieren abkühlen lassen.

Sesam-Schinkenstangen

Für 4 Personen

225 g Schinken in Streifen schneiden
10 ml / 2 Teelöffel Sojasauce
2,5 ml / ½ Teelöffel Sesamöl

Legen Sie den Schinken auf eine Servierplatte. Sojaöl und Sesamöl mischen, über den Schinken streuen und servieren.

kalter Tofu

Für 4 Personen

450 g Tofu in Scheiben schneiden

45 ml / 3 Esslöffel Sojasauce

45 ml / 3 Esslöffel Arachisöl (Erdnüsse).

frisch gemahlener Pfeffer

Geben Sie den Tofu nach und nach in ein Sieb, gießen Sie ihn 40 Sekunden lang in kochendes Wasser, lassen Sie ihn dann abtropfen und legen Sie ihn auf einen Servierteller. Abkühlen lassen. Sojasauce und Öl verrühren, über den Tofu streuen und mit Pfeffer bestreut servieren.

Speckhähnchen

Für 4 Personen

225 g Hähnchen, sehr dünn geschnitten
75 ml / 5 Esslöffel Sojasauce
15 ml / 1 EL Reiswein oder trockener Sherry
1 Knoblauchzehe, zerdrückt
15 ml / 1 Esslöffel brauner Zucker
5 ml / 1 Teelöffel Salz
5 ml / 1 Teelöffel fein gehackter Ingwer
225 g magerer Speck, in Würfel geschnitten
100 g Wasserkastanien, sehr dünn geschnitten
30 ml / 2 Esslöffel Honig

Legen Sie das Huhn in eine Schüssel. 45 ml / 3 Esslöffel Sojasauce mit Wein oder Sherry, Knoblauch, Zucker, Salz und Ingwer vermischen, über das Hähnchen gießen und ca. 3 Stunden marinieren lassen. Hähnchen, Speck und Maronen auf den Schaschlikspieß stecken. Den Rest des Sojas mit dem Honig vermischen und den Spieß damit bestreichen. Unter einem heißen Grill etwa 10 Minuten lang grillen (grillen), bis sie durchgegart sind. Dabei häufig wenden und während des Garens mit mehr Glasur begießen.

Hähnchen- und Bananen-Pommes

Für 4 Personen

2 gekochte Hähnchenfilets

2 harte Bananen

6 Scheiben Brot

4 Eier

120 ml / 4 fl oz / ¬Ω Tasse Milch

50 g / 2 oz / ¬Ω Tasse Allzweckmehl.

225 g / 8 oz / 4 Tassen frische Semmelbrösel

Frittieröl

Das Hähnchen in 24 Stücke schneiden. Die Bananen schälen und der Länge nach vierteln. Schneiden Sie jedes Viertel in Drittel, so dass 24 Stücke entstehen. Entfernen Sie die Kruste vom Brot und schneiden Sie es in Viertel. Eier und Milch verquirlen und eine Seite des Brotes mit Farbe bestreichen. Auf die mit Ei bestrichene Seite jedes Brotstücks ein Stück Hühnchen und ein Stück Banane legen. Die Quadrate leicht bemehlen, dann in Ei wälzen und mit Semmelbröseln bedecken. Ei und Semmelbrösel erneut unterrühren. Das Öl erhitzen und jeweils ein paar Quadrate goldbraun braten. Vor dem Servieren auf saugfähigem Papier abtropfen lassen.

Huhn mit Ingwer und Pilzen

Für 4 Personen

225 Gramm Hähnchenfilet

5 ml / 1 Teelöffel Fünf-Gewürze-Pulver

15 ml / 1 Esslöffel Mehl (für alle Anwendungen).

120 ml / 4 fl oz / ¬Ω Tasse Erdnussöl.

4 Schalotten, halbiert

1 Knoblauchzehe, in Scheiben geschnitten

1 Scheibe Ingwer, fein gehackt

25 g Cashewnüsse

5 ml / 1 Teelöffel Honig

15 ml / 1 Esslöffel Reismehl

75 ml / 5 Esslöffel Reiswein oder trockener Sherry

100 g Champignons in Viertel schneiden

2,5 ml / ¬Ω Teelöffel Kurkuma

6 gelbe Paprika, halbiert

5 ml / 1 Teelöffel Sojasauce

¬¬ Zitronensaft

Salz und Pfeffer

4 knusprige Salatblätter

Das Hähnchenfilet mit dem Parmesankäse schräg in dünne Streifen schneiden. Fünf Kräuter darüberstreuen und leicht mit Mehl bedecken. 15 ml/1 Esslöffel Öl erhitzen und das Hähnchen darin goldbraun braten. Aus der Pfanne nehmen. Etwas Öl erhitzen und Schalotten, Knoblauch, Ingwer und Cashewnüsse 1 Minute anbraten. Den Honig hinzufügen und verrühren, bis das Gemüse bedeckt ist. Mit Mehl bestäuben und dann Wein oder Sherry hinzufügen. Pilze, Kurkuma und Chili hinzufügen und 1 Minute kochen lassen. Hähnchen, Sojasauce, die Hälfte des Zitronensafts, Salz und Pfeffer hinzufügen und erhitzen. Aus der Pfanne nehmen und warm halten. Noch etwas Öl erhitzen, die Salatblätter hinzufügen und kurz anbraten, bis sie braun sind.

Huhn und Schinken

Für 4 Personen

225 g Hähnchen, sehr dünn geschnitten
75 ml / 5 Esslöffel Sojasauce
15 ml / 1 EL Reiswein oder trockener Sherry
15 ml / 1 Esslöffel brauner Zucker
5 ml / 1 Teelöffel fein gehackter Ingwer
1 Knoblauchzehe, zerdrückt
225 g gewürfelter Kochschinken
30 ml / 2 Esslöffel Honig

Geben Sie das Hähnchen in eine Schüssel mit 45 ml/3 Esslöffeln Sojasauce, Wein oder Sherry, Zucker, Ingwer und Knoblauch. 3 Stunden marinieren lassen. Hähnchen und Schinken auf den Schaschlikspieß stecken. Den Rest des Sojas mit dem Honig vermischen und den Spieß damit bestreichen. Unter einem heißen Grill etwa 10 Minuten grillen (grillen), dabei häufig wenden und während des Garens mit Glasur bestreichen.

Gegrillte Hühnerleber

Für 4 Personen

450 g Hühnerleber

45 ml / 3 Esslöffel Sojasauce

15 ml / 1 EL Reiswein oder trockener Sherry

15 ml / 1 Esslöffel brauner Zucker

5 ml / 1 Teelöffel Salz

5 ml / 1 Teelöffel fein gehackter Ingwer

1 Knoblauchzehe, zerdrückt

Die Hühnerleber 2 Minuten in kochendem Wasser blanchieren und gut abtropfen lassen. Alles mit allen anderen Zutaten bis auf das Öl in eine Schüssel geben und ca. 3 Stunden marinieren lassen. Die Hühnerleber auf den Spieß stecken und unter dem heißen Grill ca. 8 Minuten rösten (grillen), bis sie eine schöne Farbe haben.

Krabbenbällchen mit Wasserkastanien

Für 4 Personen

450 g Krabbenfleisch, gemahlen

100 g gehackte Wasserkastanien

1 Knoblauchzehe, zerdrückt

1 cm/¬Ω geschnittener Ingwer, fein gehackt

45 ml / 3 Esslöffel Maismehl (Maisstärke)

30 ml / 2 Esslöffel Sojasauce

15 ml / 1 EL Reiswein oder trockener Sherry

5 ml / 1 Teelöffel Salz

5 ml / 1 Teelöffel Zucker

3 geschlagene Eier

Frittieröl

Alle Zutaten bis auf das Öl vermischen und zu Kugeln formen. Das Öl erhitzen und die Krabbenbällchen goldbraun braten. Vor dem Servieren gut abtropfen lassen.

dimsum

Für 4 Personen

100 g geschälte Garnelen, fein gehackt

225 g mageres Schweinefleisch, fein gehackt

50 g Pak Choi, fein gehackt

3 Frühlingszwiebeln (Frühlingszwiebeln), gehackt

1 geschlagenes Ei

30 ml / 2 Esslöffel Maismehl (Maisstärke)

10 ml / 2 Teelöffel Sojasauce

5 ml / 1 Teelöffel Sesamöl

5 ml / 1 Teelöffel Austernsauce

24 Wan-Tan-Wrapper

Frittieröl

Garnelen, Schweinefleisch, Kohl und Frühlingszwiebeln vermischen. Eier, Maisstärke, Soja, Sesamöl und Austernsauce vermischen. Geben Sie einen Löffel der Mischung in die Mitte jedes Wan-Tan-Wraps. Wickeln Sie die Hüllen vorsichtig um die Füllung, stecken Sie die Ränder ein, lassen Sie aber die Oberseite offen. Erhitzen Sie das Öl und braten Sie das Dim Sum nach und nach an, bis es goldbraun ist. Gut abtropfen lassen und warm servieren.

Schinken- und Hähnchenröllchen

Für 4 Personen

2 Hähnchenfilets

1 Knoblauchzehe, zerdrückt

2,5 ml / ¬Ω Teelöffel Salz

2,5 ml/¬Ω Teelöffel Fünf-Gewürze-Pulver

4 Scheiben Kochschinken

1 geschlagenes Ei

30 ml / 2 Esslöffel Milch

25 g / 1 oz / ¬° Tasse Mehl (Allzweckmehl).

4 Frühlingsrollenverpackungen

Frittieröl

Die Hähnchenfilets halbieren. Schlagen Sie sie sehr fein. Knoblauch, Salz und Fünf-Gewürze-Pulver vermischen und über das Hähnchen streuen. Auf jedes Hähnchenstück eine Scheibe Schinken legen und fest aufrollen. Ei und Milch verrühren. Die Hähnchenteile leicht bemehlen und dann in die Eimischung tauchen. Legen Sie jedes Stück mit der Hautseite nach unten auf eine Frühlingsrolle und bestreichen Sie die Ränder mit geschlagenem Ei. Falten Sie die Seiten nach innen, rollen Sie sie dann auf und drücken Sie die Ränder zusammen, um sie zu verschließen. Das Öl erhitzen und die Brötchen darin etwa 5 Minuten goldbraun braten.

goldbraun und gekocht. Auf Küchenpapier abtropfen lassen und zum Servieren schräg in dicke Scheiben schneiden.

Gebratene Schinkenstrudel

Für 4 Personen

350 g / 12 oz / 3 Tassen Mehl (Allzweckmehl).

175 g Butter

120 ml / 4 fl oz / ¬Ω Tasse Wasser

225 g gehackter Schinken

100 g gehackte Bambussprossen

2 Frühlingszwiebeln (Frühlingszwiebeln), gehackt

15 ml / 1 Esslöffel Sojasauce

30 ml / 2 Esslöffel Sesamkörner

Das Mehl in eine Schüssel geben und die Butter hinzufügen. Mischen Sie Wasser zu einer Paste. Den Teig ausrollen und 5 cm/2 cm große Kreise ausstechen. Alle anderen Zutaten außer den Sesamkörnern vermischen und in jeden Kreis gießen. Die Ränder des Blätterteigs mit Wasser bestreichen und verschließen. Die Außenseite mit Wasser bestreichen und mit Sesamkörnern bestreuen. Im vorgeheizten Backofen bei 180 °C / 350 °F / Gasstufe 4 30 Minuten backen.

pseudogeräucherter Fisch

Für 4 Personen

1 Wolfsbarsch

3 Scheiben Ingwer, in Scheiben geschnitten

1 Knoblauchzehe, zerdrückt

1 Frühlingszwiebel (Schalotte), oft in Scheiben geschnitten

75 ml / 5 Esslöffel Sojasauce

30 ml / 2 Esslöffel Reiswein oder trockener Sherry

2,5 ml / ¬Ω Teelöffel gemahlener Anis

2,5 ml / ¬Ω Teelöffel Sesamöl

10 ml / 2 Teelöffel Zucker

120 ml / 4 fl oz / ¬Ω Tassenbrühe

Frittieröl

5 ml / 1 Teelöffel Maismehl (Maisstärke)

Den Fisch schälen und in 5 mm dicke Scheiben schneiden. Ingwer, Knoblauch, Frühlingszwiebel, 60 ml / 4 EL Sojasauce, Sherry, Anis und Sesamöl vermischen. Über den Fisch gießen und leicht würzen. 2 Stunden stehen lassen, dabei gelegentlich umrühren.

Gießen Sie die Marinade in eine Pfanne und legen Sie den Fisch auf Küchenpapier. Zucker, Brühe und restliche Sojasauce hinzufügen.

marinieren, aufkochen und 1 Minute kochen lassen. Wenn die Soße andicken muss, die Speisestärke mit etwas kaltem Wasser verrühren, zur Soße geben und unter Rühren köcheln lassen, bis die Soße eindickt.

In der Zwischenzeit das Öl erhitzen und den Fisch goldbraun braten. Gut abtropfen lassen. Tauchen Sie die Fischstücke in die Marinade und legen Sie sie auf einen warmen Servierteller. Heiß oder kalt servieren.

gekochte Pilze

Für 4 Personen

12 große Kapellen mit getrockneten Pilzen

225 g Krabbenfleisch

3 Wasserkastanien, gehackt

2 Frühlingszwiebeln (Frühlingszwiebeln), fein gehackt

1 Eiweiß

15 ml / 1 Esslöffel Maismehl (Maisstärke)

15 ml / 1 Esslöffel Sojasauce

15 ml / 1 EL Reiswein oder trockener Sherry

Den Schwamm über Nacht in lauwarmem Wasser einweichen. Trockene Umarmung. Die restlichen Zutaten vermischen und damit die Pilzköpfe füllen. Auf einen Dampfgarer legen und 40 Minuten dämpfen. Heiß servieren.

Pilze in Austernsauce

Für 4 Personen

10 getrocknete chinesische Pilze

250 ml / 8 fl oz / 1 Tasse Rinderbrühe

15 ml / 1 Esslöffel Maismehl (Maisstärke)

30 ml / 2 Esslöffel Austernsauce

5 ml / 1 Teelöffel Reiswein oder trockener Sherry

Die Pilze 30 Minuten in warmem Wasser einweichen, abtropfen lassen und 250 ml der Einweichflüssigkeit auffangen. Entsorgen Sie die Stiele. 60 ml/4 Esslöffel Rinderbrühe mit der Speisestärke verrühren, bis eine Paste entsteht. Die restliche Rinderbrühe mit den Pilzen und dem Pilzsaft aufkochen, abdecken und 20 Minuten kochen lassen. Die Pilze mit einem Schaumlöffel aus der Flüssigkeit nehmen und auf einen warmen Servierteller legen. Austernsauce und Sherry in die Pfanne geben und unter Rühren 2 Minuten köcheln lassen. Die Maisstärkepaste hinzufügen und bei schwacher Hitze unter Rühren kochen, bis die Sauce eindickt. Über die Pilze gießen und sofort servieren.

Schweinebrötchen und Salat

Für 4 Personen

4 getrocknete chinesische Pilze

15 ml / 1 Esslöffel Arachidöl (Erdnussöl).

225 g mageres Schweinefleisch, gehackt

100 g gehackte Bambussprossen

100 g gehackte Wasserkastanien

4 Frühlingszwiebeln (Frühlingszwiebeln), gehackt

175 g Krabbenfleisch, in Flocken

30 ml / 2 Esslöffel Reiswein oder trockener Sherry

15 ml / 1 Esslöffel Sojasauce

10 ml / 2 Teelöffel Austernsauce

10 ml / 2 Teelöffel Sesamöl

9 chinesische Blätter

Die Pilze 30 Minuten in lauwarmem Wasser einweichen und anschließend abtropfen lassen. Die Stiele entfernen und die Kappen fein hacken. Das Öl erhitzen und das Schweinefleisch 5 Minuten braten. Pilze, Bambussprossen, Wasserkastanien, Frühlingszwiebeln und Krabbenfleisch hinzufügen und 2 Minuten braten. Wein oder Sherry, Sojasauce, Austernsauce und Sesamöl vermischen und in die Pfanne rühren. Vom Herd nehmen. In der Zwischenzeit die chinesischen Blätter 1 Minute lang in kochendem Wasser blanchieren.

Abfluss. Geben Sie einen Esslöffel Schweinefleischmischung in die Mitte jedes Blechs, falten Sie die Seiten ein und rollen Sie es zum Servieren auf.

Fleischbällchen aus Schweinefleisch und Kastanien

Für 4 Personen

450 g gehacktes Schweinefleisch (Hackfleisch).

50 g fein gehackte Champignons

50 g fein gehackte Wasserkastanien

1 Knoblauchzehe, zerdrückt

1 geschlagenes Ei

30 ml / 2 Esslöffel Sojasauce

15 ml / 1 EL Reiswein oder trockener Sherry

5 ml / 1 Teelöffel fein gehackter Ingwer

5 ml / 1 Teelöffel Zucker

Salzig

30 ml / 2 Esslöffel Maismehl (Maisstärke)

Frittieröl

Alle Zutaten bis auf die Maisstärke vermischen und zu Kugeln formen. In der Maisstärke wälzen. Das Öl erhitzen und die Fleischbällchen etwa 10 Minuten lang goldbraun braten. Vor dem Servieren gut abtropfen lassen.

Schweineknödel

Für 4 6 6 Personen

450 g / 1 Pfund Mehl (so).

500 ml / 17 fl oz / 2 Tassen Wasser

450 g gekochtes Schweinefleisch, gehackt

225 g geschälte Garnelen, fein gehackt

4 Stangen Sellerie, gehackt

15 ml / 1 Esslöffel Sojasauce

15 ml / 1 EL Reiswein oder trockener Sherry

15 ml / 1 Esslöffel Sesamöl

5 ml / 1 Teelöffel Salz

2 Frühlingszwiebeln (Frühlingszwiebeln), fein gehackt

2 Knoblauchzehen, gehackt

1 Scheibe Ingwer, fein gehackt

Mehl und Wasser vermischen, bis der Teig weich ist, und gut durchkneten. Abdecken und 10 Minuten stehen lassen. Den Teig möglichst dünn ausrollen und in 5 cm große Kreise schneiden. Alle anderen Zutaten vermischen. Geben Sie einen Esslöffel der Mischung in jeden Kreis, befeuchten Sie die Ränder und schließen Sie ihn zu einem Halbkreis. Einen Topf mit Wasser zum Kochen bringen und die Gnocchi vorsichtig ins Wasser tauchen.

Schweine- und Rindfleischröllchen

Für 4 Personen

100 g gehacktes Schweinefleisch (Hackfleisch).
100 g Hackfleisch (gehackt).
1 Scheibe geriebener Speck, fein gehackt (gehackt)
15 ml / 1 Esslöffel Sojasauce
Salz und Pfeffer
1 geschlagenes Ei
30 ml / 2 Esslöffel Maismehl (Maisstärke)
Frittieröl

Hackfleisch und Speck vermischen und mit Salz und Pfeffer würzen. Mit dem Ei verrühren, walnussgroße Kugeln formen und mit Speisestärke bestreuen. Das Öl erhitzen und goldbraun braten. Vor dem Servieren gut abtropfen lassen.

Schmetterlingsgarnelen

Für 4 Personen

450 g große geschälte Garnelen
15 ml / 1 Esslöffel Sojasauce
5 ml / 1 Teelöffel Reiswein oder trockener Sherry
5 ml / 1 Teelöffel fein gehackter Ingwer
2,5 ml / ¬Ω Teelöffel Salz
2 geschlagene Eier
30 ml / 2 Esslöffel Maismehl (Maisstärke)
15 ml / 1 Esslöffel Mehl (für alle Anwendungen).
Frittieröl

Schneiden Sie die Garnelen in der Mitte der Nieren durch und ordnen Sie sie schmetterlingsförmig an. Sojasauce, Wein oder Sherry, Ingwer und Salz vermischen. Über die Garnelen gießen und 30 Minuten marinieren lassen. Aus der Marinade nehmen und trocken tupfen. Das Ei mit Maisstärke und Mehl zu einer Paste verrühren und die Garnelen in den Teig tauchen. Das Öl erhitzen und die Garnelen goldbraun braten. Vor dem Servieren gut abtropfen lassen.

Chinesische Garnelen

Für 4 Personen

450 g geschälte Garnelen
30 ml / 2 Esslöffel Worcestershire-Sauce
15 ml / 1 Esslöffel Sojasauce
15 ml / 1 EL Reiswein oder trockener Sherry
15 ml / 1 Esslöffel brauner Zucker

Legen Sie die Garnelen in eine Schüssel. Die restlichen Zutaten vermischen, über die Garnelen gießen und 30 Minuten marinieren lassen. Auf ein Backblech legen und im vorgeheizten Backofen bei 150 °C/300 °F/Gas Stufe 2 25 Minuten backen. Heiß oder kalt mit der Haut servieren, damit die Gäste es anschließend schlürfen können.

Drachenwolke

Für 4 Personen

100 g Garnelencracker

Frittieröl

Das Öl erhitzen, bis es sehr heiß ist. Fügen Sie jeweils eine Handvoll Garnelencracker hinzu und braten Sie sie einige Sekunden lang, bis sie geschwollen sind. Entfernen Sie das Öl und lassen Sie es auf Papiertüchern abtropfen, während Sie die Kekse backen.

knusprige Garnelen

Für 4 Personen

450 g geschälte Riesengarnelen

15 ml / 1 EL Reiswein oder trockener Sherry

10 ml / 2 Teelöffel Sojasauce

5 ml / 1 Teelöffel Fünf-Gewürze-Pulver

Salz und Pfeffer

90 ml / 6 Esslöffel Maismehl (Maisstärke)

2 geschlagene Eier

100 g Semmelbrösel

Erdnussöl zum Braten

Die Garnelen mit Wein oder Sherry, Sojasauce und Fünf-Gewürze-Pulver vermischen und mit Salz und Pfeffer würzen. Tauchen Sie sie in Maismehl und dann in geschlagenes Ei und Semmelbrösel. In kochendem Öl einige Minuten goldbraun braten, abtropfen lassen und sofort servieren.

Garnelen mit Ingwersauce

Für 4 Personen

15 ml / 1 Esslöffel Sojasauce

5 ml / 1 Teelöffel Reiswein oder trockener Sherry

5 ml / 1 Teelöffel Sesamöl

450 g geschälte Garnelen

30 ml / 2 Esslöffel gehackte frische Petersilie

15 ml / 1 Esslöffel Essig

5 ml / 1 Teelöffel fein gehackter Ingwer

Sojasauce, Wein oder Sherry und Sesamöl verrühren. Über die Garnelen gießen, abdecken und 30 Minuten marinieren. Die Garnelen einige Minuten grillen, bis sie gar sind, dann mit Marinade bestreichen. In der Zwischenzeit Petersilie, Essig und Ingwer vermischen und mit den Garnelen servieren.

Garnelen- und Nudelröllchen

Für 4 Personen

50 g Eierpaste in Stücke schneiden

15 ml / 1 Esslöffel Arachidöl (Erdnussöl).

50 g mageres Schweinefleisch, fein gehackt

100 g gehackte Champignons

3 Frühlingszwiebeln (Frühlingszwiebeln), gehackt

100 g geschälte Garnelen, fein gehackt

15 ml / 1 EL Reiswein oder trockener Sherry

Salz und Pfeffer

24 Wan-Tan-Wrapper

1 geschlagenes Ei

Frittieröl

Die Nudeln in kochendem Wasser 5 Minuten kochen, abgießen und fein hacken. Das Öl erhitzen und das Schweinefleisch 4 Minuten braten. Pilze und Zwiebeln dazugeben und 2 Minuten braten, dann vom Herd nehmen. Garnelen, Wein oder Sherry und Nudeln hinzufügen und mit Salz und Pfeffer würzen. Geben Sie einen Löffel der Mischung in die Mitte jedes Wan-Tan-Wraps und bestreichen Sie die Ränder mit geschlagenem Ei. Falten Sie die Ränder um, rollen Sie die Verpackungen auf und verschließen Sie die Ränder. Das Öl erhitzen und die Brötchen anbraten

Nach und nach ca. 5 Minuten backen, bis sie goldbraun sind. Vor dem Servieren auf saugfähigem Papier abtropfen lassen.

Garnelentoast

Für 4 Personen

2 Eier 450 g geschälte Garnelen, gehackt
15 ml / 1 Esslöffel Maismehl (Maisstärke)
1 Zwiebel, fein gehackt
30 ml / 2 Esslöffel Sojasauce
15 ml / 1 EL Reiswein oder trockener Sherry
5 ml / 1 Teelöffel Salz
5 ml / 1 Teelöffel fein gehackter Ingwer
8 Scheiben Brot, in Dreiecke geschnitten
Frittieröl

1 Ei mit allen anderen Zutaten außer Brot und Öl verrühren. Gießen Sie die Mischung über die Brotdreiecke und drücken Sie sie zu einer Kuppel. Mit dem restlichen Ei bemalen. Etwa 5 cm Öl erhitzen und die Brotdreiecke goldbraun braten. Vor dem Servieren gut abtropfen lassen.

Schweinefleisch-Garnelen-Wan-Tan mit süß-saurer Soße

Für 4 Personen

120 ml / 4 fl oz / ¬Ω Tasse Wasser

60 ml / 4 Esslöffel Essig

60 ml / 4 Esslöffel brauner Zucker

30 ml / 2 Esslöffel Tomatenpüree √ © e (Paste)

10 ml / 2 Teelöffel Maismehl (Maisstärke)

25 g gehackte Champignons

25 g geschälte Garnelen, fein gehackt

50 g mageres Schweinefleisch, gehackt

2 Frühlingszwiebeln (Frühlingszwiebeln), gehackt

5 ml / 1 Teelöffel Sojasauce

2,5 ml / ¬Ω Teelöffel geriebene Ingwerwurzel

1 Knoblauchzehe, zerdrückt

24 Wan-Tan-Wrapper

Frittieröl

Wasser, Essig, Zucker, Tomatenmark und Maisstärke in einem Topf vermischen. Unter ständigem Rühren zum Kochen bringen und 1 Minute kochen lassen. Vom Herd nehmen und warm halten.

Pilze, Garnelen, Schweinefleisch, Frühlingszwiebeln, Sojasauce, Ingwer und Knoblauch mischen. In jede Schüssel einen Esslöffel Füllung geben, die Ränder mit Wasser bestreichen und fest andrücken. Das Öl erhitzen und die Wontons nacheinander goldbraun braten. Auf saugfähigem Papier abtropfen lassen und warm mit einer süß-sauren Soße servieren.

Hühnersuppe

Ergibt 2 Pints / 3½ Punkte / 8½ Tassen
1,5 kg gekochte oder rohe Hähnchenschenkel
450 g Schweinshaxe
1 cm / ½ Ingwerwurzel in Stücken
3 Frühlingszwiebeln (Frühlingszwiebeln), in Scheiben geschnitten
1 Knoblauchzehe, zerdrückt
5 ml / 1 Teelöffel Salz
2,25 Liter / 4pt / 10 Gläser Wasser

Alle Zutaten aufkochen, abdecken und 15 Minuten kochen lassen. Beseitigen Sie Fette. Abdecken und bei schwacher Hitze 1 Stunde und 30 Minuten garen. Filtern, abkühlen und abschöpfen. In kleinen Mengen einfrieren oder im Kühlschrank aufbewahren und innerhalb von 2 Tagen verbrauchen.

Suppe mit Schweinefleisch und Sojasprossen

Für 4 Personen

450 g gehacktes Schweinefleisch

1,5 l / 2½ Pck. / 6 dl Hühnerbrühe

5 Scheiben Ingwerwurzel

350 g Sojasprossen

15 ml / 1 Esslöffel Salz

Das Schweinefleisch 10 Minuten in kochendem Wasser blanchieren und dann abtropfen lassen. Kochen Sie die Brühe und fügen Sie das Schweinefleisch und den Ingwer hinzu. Abdecken und bei schwacher Hitze 50 Minuten kochen lassen. Sojasprossen und Salz hinzufügen und 20 Minuten kochen lassen.

Abalone-Pilz-Suppe

Für 4 Personen

60 ml / 4 Esslöffel Arachisöl (Erdnüsse).

100 g mageres Schweinefleisch, in Streifen geschnitten

225 g Abalone aus der Dose, in Streifen geschnitten

100 g Champignons, in Scheiben geschnitten

2 Stück Sellerie, in Scheiben geschnitten

50 g Schinken in Streifen schneiden

2 Zwiebeln, in Scheiben geschnitten

1,5 l / 2½ pt / 6 Tassen Wasser

30 ml / 2 Esslöffel Essig

45 ml / 3 Esslöffel Sojasauce

2 Scheiben Ingwer, gehackt

Salz und frisch gemahlener Pfeffer

15 ml / 1 Esslöffel Maismehl (Maisstärke)

45 ml / 3 Esslöffel Wasser

Das Öl erhitzen und Schweinefleisch, Abalone, Pilze, Sellerie, Schinken und Zwiebeln 8 Minuten braten. Wasser und Essig hinzufügen, aufkochen, abdecken und 20 Minuten köcheln lassen. Sojasauce, Ingwer, Salz und Pfeffer hinzufügen. Die Maisstärke untermischen, bis eine Paste entsteht

Wasser hinzufügen, in die Suppe gießen und unter Rühren 5 Minuten kochen, bis die Suppe gar und eingedickt ist.

Hühner- und Spargelsuppe

Für 4 Personen

100 g Hähnchen, zerkleinert

2 Eiweiß

2,5 ml / ½ Teelöffel Salz

30 ml / 2 Esslöffel Maismehl (Maisstärke)

225 g Spargel in 5 cm große Stücke schneiden

100 g Sojasprossen

1,5 l / 2½ Pck. / 6 dl Hühnerbrühe

100 g Pilze

Das Hähnchen mit Eiweiß, Salz und Maisstärke vermischen und 30 Minuten stehen lassen. Das Hähnchen in kochendem Wasser etwa 10 Minuten garen und gut abtropfen lassen. Den Spargel 2 Minuten in kochendem Wasser blanchieren und abtropfen lassen. Die Sojasprossen in kochendem Wasser 3 Minuten blanchieren und abtropfen lassen. Gießen Sie die Brühe in eine große Bratpfanne und geben Sie Hühnchen, Spargel, Pilze und Sojasprossen hinzu. Aufkochen und mit Salz würzen. Einige Minuten köcheln lassen, bis sich die Aromen entfalten und das Gemüse weich, aber noch knackig ist.

Brühe

Für 4 Personen

225 g Hackfleisch (gehackt).

15 ml / 1 Esslöffel Sojasauce

15 ml / 1 EL Reiswein oder trockener Sherry

15 ml / 1 Esslöffel Maismehl (Maisstärke)

1,2 l / 2 pt / 5 dl Hühnerbrühe

5 ml / 1 Teelöffel. 1/2 Teelöffel Chilibohnensauce

Salz und Pfeffer

2 geschlagene Eier

6 Frühlingszwiebeln (Frühlingszwiebeln), gehackt

Mischen Sie das Fleisch mit Soja, Wein oder Sherry und Maisstärke. Brühe hinzufügen und unter Rühren langsam aufkochen. Die würzige Bohnensauce hinzufügen und mit Salz und Pfeffer würzen, zugedeckt etwa 10 Minuten köcheln lassen, dabei gelegentlich umrühren. Die Eier dazugeben und mit Frühlingszwiebeln bestreut servieren.

Chinesische Rindfleisch-Blatt-Suppe

Für 4 Personen

200 g mageres Rindfleisch, in Streifen geschnitten

15 ml / 1 Esslöffel Sojasauce

15 ml / 1 Esslöffel Arachidöl (Erdnussöl).

1,5 l / 2½ pt / 6 dl Rinderbrühe

5 ml / 1 Teelöffel Salz

2,5 ml / ½ Teelöffel Zucker

½ Kopf chinesische Blätter in Stücke schneiden

Das Fleisch mit der Sojasauce und dem Öl vermischen und unter gelegentlichem Rühren 30 Minuten marinieren lassen. Die Brühe mit Salz und Zucker aufkochen, die Porzellanblätter hinzufügen und bei schwacher Hitze ca. 10 Minuten kochen, bis sie fast fertig sind. Das Fleisch dazugeben und weitere 5 Minuten köcheln lassen.

Krautsuppe

Für 4 Personen

60 ml / 4 Esslöffel Arachisöl (Erdnüsse).
2 Zwiebeln, gehackt
100 g mageres Schweinefleisch, in Streifen geschnitten
225 g geriebener Chinakohl
10 ml / 2 Teelöffel Zucker
1,2 l / 2 pt / 5 dl Hühnerbrühe
45 ml / 3 Esslöffel Sojasauce
Salz und Pfeffer
15 ml / 1 Esslöffel Maismehl (Maisstärke)

Das Öl erhitzen und die Zwiebeln und das Schweinefleisch darin goldbraun braten. Kohl und Zucker hinzufügen und 5 Minuten braten. Brühe und Soja dazugeben und mit Salz und Pfeffer würzen. Aufkochen, abdecken und 20 Minuten köcheln lassen. Die Speisestärke mit etwas Wasser verrühren, in die Suppe geben und unter Rühren kochen, bis die Suppe eindickt und durchsichtig wird.

Scharfe Rindfleischsuppe

Für 4 Personen

45 ml / 3 Esslöffel Arachisöl (Erdnüsse).

1 Knoblauchzehe, zerdrückt

5 ml / 1 Teelöffel Salz

225 g Hackfleisch (gehackt).

6 Frühlingszwiebeln (Frühlingszwiebeln), in Streifen geschnitten

1 rote Paprika, in Streifen geschnitten

1 grüne Paprika, in Streifen geschnitten

225 g gehackter Kohl

1 l Rinderbrühe

30 ml / 2 Esslöffel Pflaumensauce

30 ml / 2 Esslöffel Hoisinsauce

45 ml / 3 Esslöffel Sojasauce

2 Stück Ingwer ohne Stiel, fein gehackt

2 Eier

5 ml / 1 Teelöffel Sesamöl

225 g eingeweichte, durchscheinende Nudeln

Das Öl erhitzen und den Knoblauch und das Salz goldbraun braten. Das Fleisch dazugeben und kurz anbraten, bis es braun ist. Gemüse dazugeben und glasig braten. Brühe, Pflaumensauce, Hoisinsauce hinzufügen, 30 ml/2

Einen Esslöffel Sojasauce und Ingwer hinzufügen, aufkochen und 10 Minuten köcheln lassen. Die Eier mit dem Sesamöl und der restlichen Sojasauce verquirlen. Die Nudelsuppe dazugeben und unter Rühren kochen, bis sich aus den Eiern Fäden bilden und die Nudeln weich sind.

himmlische Suppe

Für 4 Personen

2 Frühlingszwiebeln (Frühlingszwiebeln), gehackt
1 Knoblauchzehe, zerdrückt
30 ml / 2 Esslöffel gehackte frische Petersilie
5 ml / 1 Teelöffel Salz
15 ml / 1 Esslöffel Arachidöl (Erdnussöl).
30 ml / 2 Esslöffel Sojasauce
1,5 l / 2½ pt / 6 Tassen Wasser

Frühlingszwiebeln, Knoblauch, Petersilie, Salz, Öl und Soja mischen. Das Wasser aufkochen, die Schnittlauchmischung darübergießen und 3 Minuten stehen lassen.

Suppe mit Hühnchen und Bambussprossen

Für 4 Personen

2 Hähnchenschenkel

30 ml / 2 Esslöffel Arachisöl (Erdnüsse).

5 ml / 1 Teelöffel Reiswein oder trockener Sherry

1,5 l / 2½ Pck. / 6 dl Hühnerbrühe

3 Frühlingszwiebeln, in Scheiben geschnitten

100 g Bambussprossen, in Stücke geschnitten

5 ml / 1 Teelöffel fein gehackter Ingwer

Salzig

Das Hähnchen entbeinen und das Fleisch in Würfel schneiden. Das Öl erhitzen und das Hähnchen von allen Seiten goldbraun braten. Brühe, Frühlingszwiebeln, Bambussprossen und Ingwer dazugeben, aufkochen und etwa 20 Minuten kochen lassen, bis das Hähnchen gar ist. Vor dem Servieren mit Salz würzen.

Hühner- und Maissuppe

Für 4 Personen

1 l Hühnerbrühe

100 g gehacktes Hähnchen

200 g Maiscreme

Den Schinken in Scheiben schneiden, in Stücke schneiden

geschlagenen Eiern

15 ml / 1 EL Reiswein oder trockener Sherry

Brühe und Hühnchen zum Kochen bringen, abdecken und 15 Minuten kochen lassen. Mais und Schinken hinzufügen, abdecken und 5 Minuten köcheln lassen. Geben Sie die Eier und den Sherry hinzu und rühren Sie langsam mit einem Essstäbchen um, sodass sich aus den Eiern Fäden bilden. Vom Herd nehmen, abdecken und vor dem Servieren 3 Minuten ruhen lassen.

Hühner-Ingwer-Suppe

Für 4 Personen

4 getrocknete chinesische Pilze

1,5 l / 2½ pt / 6 dl Wasser oder Hühnerbrühe

225 g Hühnerfleisch, in Würfel geschnitten

10 Scheiben Ingwer

5 ml / 1 Teelöffel Reiswein oder trockener Sherry

Salzig

Die Pilze 30 Minuten in lauwarmem Wasser einweichen und anschließend abtropfen lassen. Entsorgen Sie die Stiele. Wasser oder Brühe mit den restlichen Zutaten aufkochen und etwa 20 Minuten garen, bis das Hähnchen gar ist.

Hühnersuppe mit chinesischen Pilzen

Für 4 Personen

25 g getrocknete chinesische Pilze
100 g Hähnchen, zerkleinert
50 g geriebene Bambussprossen
30 ml / 2 Esslöffel Sojasauce
30 ml / 2 Esslöffel Reiswein oder trockener Sherry
1,2 l / 2 pt / 5 dl Hühnerbrühe

Die Pilze 30 Minuten in lauwarmem Wasser einweichen und anschließend abtropfen lassen. Die Stiele entfernen und die Köpfe abschneiden. Pilze, Hühnchen und Bambussprossen 30 Sekunden in kochendem Wasser blanchieren und abtropfen lassen. Geben Sie sie in eine Schüssel und vermischen Sie Sojasauce und Wein oder Sherry. 1 Stunde marinieren lassen. Die Brühe aufkochen, die Hühnermischung und die Marinade hinzufügen. Gut vermischen und einige Minuten köcheln lassen, bis das Huhn gar ist.

Hühner- und Reissuppe

Für 4 Personen

1 l Hühnerbrühe

225 g / 8 oz / 1 Tasse gekochter Langkornreis

100 g gekochtes Hähnchen, in Streifen geschnitten

1 Zwiebel, geviertelt

5 ml / 1 Teelöffel Sojasauce

Alle Zutaten erhitzen, bis sie heiß sind, aber die Suppe kocht nicht.

Hühner-Kokos-Suppe

Für 4 Personen

350 g Hähnchenfilet

Salzig

10 ml / 2 Teelöffel Maismehl (Maisstärke)

30 ml / 2 Esslöffel Arachisöl (Erdnüsse).

1 grüne Chilischote, gehackt

1 l / 1¾pt / 4¼ Tassen Kokosmilch

5 ml / 1 Teelöffel Zitronenschale

12 Litschis

eine Prise geriebene Muskatnuss

Salz und frisch gemahlener Pfeffer

2 Zitronenmelissenblätter

Das Hähnchenfilet mit dem Parmesankäse schräg in Streifen schneiden. Mit Salz bestreuen und mit Maisstärke bedecken. 10 ml / 2 Teelöffel Öl im Wok erhitzen, umrühren und einschenken. Noch einmal wiederholen. Das restliche Öl erhitzen und das Hähnchen und die Chilischote 1 Minute lang anbraten. Die Kokosmilch dazugeben und aufkochen. Die Zitronenschale hinzufügen und bei schwacher Hitze 5 Minuten kochen lassen.

Litschi dazugeben, mit Muskatnuss, Salz und Pfeffer würzen und mit Zitronenmelisse garniert servieren.

Muschelsuppe

Für 4 Personen

2 getrocknete chinesische Pilze
12 Muscheln, eingeweicht und geschrubbt
1,5 l / 2½ Pck. / 6 dl Hühnerbrühe
50 g geriebene Bambussprossen
50 g Zuckerschoten, halbiert
2 Frühlingszwiebeln (Frühlingszwiebeln), in Ringe geschnitten
15 ml / 1 EL Reiswein oder trockener Sherry
eine Prise frisch gemahlener Pfeffer

Die Pilze 30 Minuten in lauwarmem Wasser einweichen und anschließend abtropfen lassen. Die Stiele entfernen und die Köpfe halbieren. Die Muscheln ca. 5 Minuten dünsten, bis sie sich öffnen; Werfen Sie alles weg, was verschlossen bleibt. Entfernen Sie die Muscheln aus ihren Schalen. Die Brühe aufkochen und Pilze, Bambussprossen, Erbsen und Frühlingszwiebeln hinzufügen. Ohne Deckel 2 Minuten garen.

Muscheln, Wein oder Sherry und Pfeffer hinzufügen und köcheln lassen, bis alles durchgeheizt ist.

Eiersuppe

Für 4 Personen

1,2 l / 2 pt / 5 dl Hühnerbrühe

3 geschlagene Eier

45 ml / 3 Esslöffel Sojasauce

Salz und frisch gemahlener Pfeffer

4 Frühlingszwiebeln (Frühlingszwiebeln), in Scheiben geschnitten

Kochen Sie die Brühe. Fügen Sie die geschlagenen Eier nach und nach hinzu, sodass sie sich in Fäden trennen. Die Sojasauce hinzufügen und mit Salz und Pfeffer würzen. Mit Schnittlauch garniert servieren.

Krabben- und Jakobsmuschelsuppe

Für 4 Personen

4 getrocknete chinesische Pilze

15 ml / 1 Esslöffel Arachidöl (Erdnussöl).

1 geschlagenes Ei

1,5 l / 2½ Pck. / 6 dl Hühnerbrühe

175 g Krabbenfleisch, in Flocken

100 g geschälte Jakobsmuscheln, in Scheiben geschnitten

100 g Bambussprossen, in Scheiben geschnitten

2 Frühlingszwiebeln (Frühlingszwiebeln), gehackt

1 Scheibe Ingwer, fein gehackt

etwas gekochte und geschälte Garnelen (optional)

45 ml / 3 Esslöffel Maismehl (Maisstärke)

90 ml / 6 Esslöffel Wasser

30 ml / 2 Esslöffel Reiswein oder trockener Sherry

20 ml / 4 Teelöffel Sojasauce

2 Eiweiß

Die Pilze 30 Minuten in lauwarmem Wasser einweichen und anschließend abtropfen lassen. Die Stiele entfernen und die Köpfe in dünne Scheiben schneiden. Das Öl erhitzen, das Ei hinzufügen und die Pfanne kippen, sodass das Ei den Boden bedeckt. Chef

abseihen, wenden und auf der anderen Seite braten. Aus der Form nehmen, aufrollen und in dünne Streifen schneiden.

Kochen Sie die Brühe, fügen Sie nach Belieben Pilze, Eierstreifen, Krabbenfleisch, Jakobsmuscheln, Bambussprossen, Frühlingszwiebeln, Ingwer und Garnelen hinzu. Nochmals aufkochen. Die Speisestärke mit 60 ml/4 EL Wasser, Wein oder Sherry und Soja vermischen und in die Suppe einrühren. Bei schwacher Hitze unter Rühren kochen, bis die Suppe eindickt. Das Eiweiß mit dem restlichen Wasser steif schlagen und die Masse unter kräftigem Rühren langsam in die Suppe gießen.

Krabbensuppe

Für 4 Personen

90 ml / 6 Esslöffel Arachidöl (Erdnussöl).

3 Zwiebeln, gehackt

225 g weißes und braunes Krabbenfleisch

1 Scheibe Ingwer, fein gehackt

1,2 l / 2 pt / 5 dl Hühnerbrühe

150 ml / ¼ pt / Glas Reiswein oder trockener Sherry

45 ml / 3 Esslöffel Sojasauce

Salz und frisch gemahlener Pfeffer

Das Öl erhitzen und die Zwiebel anbraten, bis sie weich, aber nicht braun ist. Krabbenfleisch und Ingwer hinzufügen und 5 Minuten braten. Brühe, Wein oder Sherry und Sojasauce hinzufügen und mit Salz und Pfeffer würzen. Zum Kochen bringen und 5 Minuten kochen lassen.

Fischsuppe

Für 4 Personen

225 g Fischfilets
1 Scheibe Ingwer, fein gehackt
15 ml / 1 EL Reiswein oder trockener Sherry
30 ml / 2 Esslöffel Arachisöl (Erdnüsse).
1,5 l / 2½ pt / 6 dl Fischbrühe

Den Fisch gegen die Faserrichtung in dünne Streifen schneiden. Ingwer, Wein oder Sherry und Öl mischen, den Fisch dazugeben und vorsichtig verrühren. 30 Minuten marinieren lassen, dabei gelegentlich umrühren. Die Brühe aufkochen, den Fisch hinzufügen und 3 Minuten kochen lassen.

Fischsuppe und Salat

Für 4 Personen

225 g weiße Fischfilets

30 ml / 2 Esslöffel Mehl (für alle Verwendungszwecke).

Salz und frisch gemahlener Pfeffer

90 ml / 6 Esslöffel Arachidöl (Erdnussöl).

6 Frühlingszwiebeln (Frühlingszwiebeln), in Scheiben geschnitten

100 g gehackter Salat

1,2 l / 2 pt / 5 Tassen Wasser

10 ml / 2 Teelöffel fein gehackte Ingwerwurzel

150 ml / ¼ pt / ½ großzügige Tasse Reiswein oder trockener Sherry

30 ml / 2 Esslöffel Maismehl (Maisstärke)

30 ml / 2 Esslöffel gehackte frische Petersilie

10 ml / 2 Teelöffel Zitronensaft

30 ml / 2 Esslöffel Sojasauce

Den Fisch in dünne Streifen schneiden und anschließend im gewürzten Mehl wenden. Das Öl erhitzen und die Frühlingszwiebeln darin anbraten, bis sie weich sind. Den Salat dazugeben und 2 Minuten braten, bis er braun ist. Den Fisch hinzufügen und 4 Minuten kochen lassen. Wasser, Ingwer und Wein oder Sherry hinzufügen, aufkochen, abdecken und 5 Minuten köcheln lassen. Die Speisestärke mit etwas Wasser verrühren und in die Suppe geben. Bei schwacher Hitze köcheln lassen und weitere 4 Minuten rühren, bis die Suppe eindickt.

Anschließend mit Salz und Pfeffer abspülen. Mit Petersilie, Zitronensaft und Soja bestreut servieren.

Ingwersuppe mit Fleischbällchen

Für 4 Personen

5 cm / 2 Stück Ingwer, gerieben

350 g brauner Zucker

1,5 l / 2½ pt / 7 dl Wasser

225 g / 8 oz / 2 Tassen Reismehl

2,5 ml / ½ Teelöffel Salz

60 ml / 4 Esslöffel Wasser

Ingwer, Zucker und Wasser in einen Topf geben und unter Rühren aufkochen. Abdecken und etwa 20 Minuten kochen lassen. Die Suppe abgießen und zurück in die Pfanne geben.

In der Zwischenzeit Mehl und Salz in eine Schüssel geben und nach und nach mit so viel Wasser vermischen, dass eine dicke Paste entsteht. Kugeln formen und die Gnocchi in die Suppe geben. Die Suppe erneut aufkochen lassen, abdecken und weitere 6 Minuten kochen lassen, bis die Gnocchi gar sind.

heiße und saure Suppe

Für 4 Personen
*8 getrocknete chinesische Pilze
1 l Hühnerbrühe
100 g Hähnchen, in Streifen geschnitten
100 g Bambussprossen in Streifen schneiden
100 g Tofu in Streifen schneiden
15 ml / 1 Esslöffel Sojasauce
30 ml / 2 Esslöffel Essig
30 ml / 2 Esslöffel Maismehl (Maisstärke)
2 geschlagene Eier
ein paar Tropfen Sesamöl*

Die Pilze 30 Minuten in lauwarmem Wasser einweichen und anschließend abtropfen lassen. Entfernen Sie die Stiele und schneiden Sie die Kappen in Streifen. Pilze, Brühe, Hühnchen, Bambussprossen und Tofu zum Kochen bringen, abdecken und 10 Minuten köcheln lassen. Sojasauce, Essig und Maisstärke glatt rühren, zur Suppe geben und 2 Minuten kochen lassen, bis die Suppe fertig ist. Nach und nach die Eier und das Sesamöl hinzufügen und mit einem Essstäbchen umrühren. Vor dem Servieren abdecken und 2 Minuten ruhen lassen.

Pilz Suppe

Für 4 Personen

15 getrocknete chinesische Pilze

1,5 l / 2½ Pck. / 6 dl Hühnerbrühe

5 ml / 1 Teelöffel Salz

Die Pilze 30 Minuten in lauwarmem Wasser einweichen, abgießen und die Flüssigkeit auffangen. Entfernen Sie die Stiele und schneiden Sie die Spitzen in zwei Hälften, wenn sie groß sind, und legen Sie sie in einen großen hitzebeständigen Behälter. Stellen Sie den Behälter auf ein Gestell in einem Dampfgarer. Brühe aufkochen, über die Pilze gießen, abdecken und 1 Stunde in kochendem Wasser dünsten. Mit Salz würzen und servieren.

Pilz- und Kohlsuppe

Für 4 Personen

25 g getrocknete chinesische Pilze
15 ml / 1 Esslöffel Arachidöl (Erdnussöl).
50 g zerkleinerte chinesische Blätter
15 ml / 1 EL Reiswein oder trockener Sherry
15 ml / 1 Esslöffel Sojasauce
1,2 l / 2 Punkte / 5 dl Hühner- oder Gemüsebrühe
Salz und frisch gemahlener Pfeffer
5 ml / 1 Teelöffel Sesamöl

Die Pilze 30 Minuten in lauwarmem Wasser einweichen und anschließend abtropfen lassen. Die Stiele entfernen und die Köpfe abschneiden. Erhitzen Sie das Öl und braten Sie die Pilze und chinesischen Blätter 2 Minuten lang an, bis sie gut bedeckt sind. Mit Wein oder Sherry und Sojasauce ablöschen und anschließend die Brühe hinzufügen. Zum Kochen bringen, Salz und Pfeffer hinzufügen und 5 Minuten kochen lassen. Vor dem Servieren mit Sesamöl beträufeln.

Pilz-Eiersuppe

Für 4 Personen

1 l Hühnerbrühe

30 ml / 2 Esslöffel Maismehl (Maisstärke)

100 g Champignons, in Scheiben geschnitten

1 Zwiebelscheibe, fein gehackt

Prise Salz

3 Tropfen Sesamöl

2,5 ml / ½ Teelöffel Sojasauce

1 geschlagenes Ei

Mischen Sie etwas Brühe mit der Speisestärke und vermischen Sie dann alle Zutaten bis auf das Ei. Aufkochen, abdecken und 5 Minuten köcheln lassen. Das Ei dazugeben und mit einem Stab umrühren, sodass sich aus dem Ei Fäden bilden. Vom Herd nehmen und vor dem Servieren 2 Minuten ruhen lassen.

Pilz-Kastanien-Suppe mit Wasser

Für 4 Personen

1 l / 1¾ pt / 4¼ Tassen Gemüsebrühe oder Wasser

2 Zwiebeln, fein gehackt

5 ml / 1 Teelöffel Reiswein oder trockener Sherry

30 ml / 2 Esslöffel Sojasauce

225 g Pilze

100 g Wasserkastanien, in Scheiben geschnitten

100 g Bambussprossen, in Scheiben geschnitten

ein paar Tropfen Sesamöl

2 Salatblätter, in Stücke geschnitten

2 Frühlingszwiebeln (Frühlingszwiebeln), gehackt

Wasser, Zwiebel, Wein oder Sherry und Sojasauce aufkochen, abdecken und 10 Minuten köcheln lassen. Pilze, Wasserkastanien und Bambussprossen hinzufügen, abdecken und 5 Minuten köcheln lassen. Sesamöl, Salatblätter und Frühlingszwiebeln hinzufügen, vom Herd nehmen, abdecken und vor dem Servieren 1 Minute stehen lassen.

Schweinefleisch-Pilz-Suppe

Für 4 Personen

60 ml / 4 Esslöffel Arachisöl (Erdnüsse).
1 Knoblauchzehe, zerdrückt
2 Zwiebeln, in Scheiben geschnitten
225 g mageres Schweinefleisch, in Streifen geschnitten
1 Stange Sellerie, gehackt
50 g geschnittene Champignons
2 Karotten, in Scheiben geschnitten
1,2 l / 2 pt / 5 dl Rinderbrühe
15 ml / 1 Esslöffel Sojasauce
Salz und frisch gemahlener Pfeffer
15 ml / 1 Esslöffel Maismehl (Maisstärke)

Das Öl erhitzen und Knoblauch, Zwiebel und Schweinefleisch anbraten, bis die Zwiebel weich und hellbraun ist. Sellerie, Pilze und Karotten dazugeben, abdecken und 10 Minuten köcheln lassen. Die Brühe aufkochen, mit der Sojasauce in die Pfanne geben und mit Salz und Pfeffer würzen. Die Speisestärke mit etwas Wasser vermischen, in die Pfanne geben und unter Rühren etwa 5 Minuten kochen lassen.

Suppe mit Schweinefleisch und Brunnenkresse

Für 4 Personen

1,5 l / 2½ Pck. / 6 dl Hühnerbrühe

100 g mageres Schweinefleisch, in Streifen geschnitten

3 Stangen Sellerie, schräg geschnitten

2 Frühlingszwiebeln (Frühlingszwiebeln), in Scheiben geschnitten

1 Bund Brunnenkresse

5 ml / 1 Teelöffel Salz

Die Brühe zum Kochen bringen, Schweinefleisch und Sellerie hinzufügen, abdecken und 15 Minuten kochen lassen. Frühlingszwiebeln, Brunnenkresse und Salz hinzufügen und offen ca. 4 Minuten köcheln lassen.

Gurken-Schweinefleischsuppe

Für 4 Personen

100 g mageres Schweinefleisch, in dünne Scheiben geschnitten
5 ml / 1 Teelöffel Maismehl (Maisstärke)
15 ml / 1 Esslöffel Sojasauce
15 ml / 1 EL Reiswein oder trockener Sherry
1 Gurke
1,5 l / 2½ Pck. / 6 dl Hühnerbrühe
5 ml / 1 Teelöffel Salz

Schweinefleisch, Maisstärke, Sojasauce und Wein oder Sherry vermischen. Umrühren, um das Schweinefleisch zu bedecken. Die Gurke schälen, der Länge nach halbieren und anschließend die Kerne entfernen. In dicke Scheiben schneiden. Die Brühe zum Kochen bringen, das Schweinefleisch hinzufügen, abdecken und 10 Minuten kochen lassen. Die Gurke dazugeben und einige Minuten kochen, bis sie glasig ist. Salzen und bei Bedarf etwas Soja hinzufügen.

Fleischbällchen- und Nudelsuppe

Für 4 Personen

50 Gramm Reisnudeln

225 g Schweinehackfleisch (gehackt).

5 ml / 1 Teelöffel Maismehl (Maisstärke)

2,5 ml / ½ Teelöffel Salz

30 ml / 2 Esslöffel Wasser

1,5 l / 2½ Pck. / 6 dl Hühnerbrühe

1 Frühlingszwiebel (Frühlingszwiebel), fein gehackt

5 ml / 1 Teelöffel Sojasauce

Weichen Sie die Nudeln in kaltem Wasser ein, während Sie die Fleischbällchen zubereiten. Schweinefleisch, Maisstärke, etwas Salz und Wasser vermischen und zu walnussgroßen Kugeln formen. Einen Topf mit Wasser zum Kochen bringen, die Hackfleischbällchen hinzufügen, abdecken und 5 Minuten kochen lassen. Die Nudeln abgießen und gut abtropfen lassen. Die Brühe zum Kochen bringen, die Schweinefleischbällchen und Nudeln dazugeben, abdecken und 5 Minuten kochen lassen. Frühlingszwiebeln, Sojasauce und restliches Salz hinzufügen und weitere 2 Minuten kochen lassen.

Spinat-Tofu-Suppe

Für 4 Personen

1,2 l / 2 pt / 5 dl Hühnerbrühe

200 g Dosentomaten, abgetropft und gehackt

225 g Tofu, gewürfelt

225 g gehackter Spinat

30 ml / 2 Esslöffel Sojasauce

5 ml / 1 Teelöffel. Teelöffel brauner Zucker

Salz und frisch gemahlener Pfeffer

Die Brühe aufkochen, dann Tomaten, Tofu und Spinat hinzufügen und vorsichtig vermischen. Nochmals aufkochen und 5 Minuten kochen lassen. Soja und Zucker hinzufügen und mit Salz und Pfeffer würzen. Vor dem Servieren 1 Minute köcheln lassen.

Zuckermais- und Krabbensuppe

Für 4 Personen

1,2 l / 2 pt / 5 dl Hühnerbrühe

200 g Zuckermais

Salz und frisch gemahlener Pfeffer

1 geschlagenes Ei

200 g Krabbenfleisch, in Flocken

3 Schalotten, gehackt

Die Brühe aufkochen, den Mais dazugeben und mit Salz und Pfeffer würzen. Bei schwacher Hitze 5 Minuten kochen lassen. Kurz vor dem Servieren die Eier mit einer Gabel aufschlagen und unter die Suppe rühren. Mit Krabbenfleisch und gehackten Schalotten bestreut servieren.

Sichuan-Suppe

Für 4 Personen

4 getrocknete chinesische Pilze

1,5 l / 2½ Pck. / 6 dl Hühnerbrühe

75 ml / 5 Esslöffel trockener Weißwein

15 ml / 1 Esslöffel Sojasauce

2,5 ml / ½ Teelöffel scharfe Soße

30 ml / 2 Esslöffel Maismehl (Maisstärke)

60 ml / 4 Esslöffel Wasser

100 g mageres Schweinefleisch, in Streifen geschnitten

50 g Kochschinken, in Streifen geschnitten

1 rote Paprika, in Streifen geschnitten

50 g Wasserkastanien, in Scheiben geschnitten

10 ml / 2 Teelöffel Essig

5 ml / 1 Teelöffel Sesamöl

1 geschlagenes Ei

100 g geschälte Garnelen

6 Frühlingszwiebeln (Frühlingszwiebeln), gehackt

175 g Tofu, gewürfelt

Die Pilze 30 Minuten in lauwarmem Wasser einweichen und anschließend abtropfen lassen. Die Stiele entfernen und die Köpfe abschneiden. Bringen Sie Brühe, Wein und Soja mit

Soße und Chilisoße aufkochen, zugedeckt 5 Minuten köcheln lassen. Die Speisestärke mit der Hälfte des Wassers vermischen und unter Rühren zur Suppe geben, bis sie dickflüssig ist. Pilze, Schweinefleisch, Schinken, Pfeffer und Wasserkastanien hinzufügen und 5 Minuten köcheln lassen. Essig und Sesamöl verrühren. Das Ei mit dem restlichen Wasser verquirlen und unter kräftigem Rühren in die Suppe gießen. Garnelen, Frühlingszwiebeln und Tofu hinzufügen und einige Minuten erhitzen.

Tofu-Suppe

Für 4 Personen

1,5 l / 2½ Pck. / 6 dl Hühnerbrühe

225 g Tofu, gewürfelt

5 ml / 1 Teelöffel Salz

5 ml / 1 Teelöffel Sojasauce

Die Brühe aufkochen und Tofu, Salz und Soja hinzufügen. Einige Minuten köcheln lassen, bis der Tofu heiß ist.

Fisch- und Tofusuppe

Für 4 Personen

225 g weiße Fischfilets, in Streifen geschnitten

150 ml / ¼ pt / ½ großzügige Tasse Reiswein oder trockener Sherry

10 ml / 2 Teelöffel fein gehackte Ingwerwurzel

45 ml / 3 Esslöffel Sojasauce

2,5 ml / ½ Teelöffel Salz

60 ml / 4 Esslöffel Arachisöl (Erdnüsse).

2 Zwiebeln, gehackt

100 g Champignons, in Scheiben geschnitten

1,2 l / 2 pt / 5 dl Hühnerbrühe

100 g Tofu, gewürfelt

Salz und frisch gemahlener Pfeffer

Den Fisch in eine Schüssel geben. Wein oder Sherry, Ingwer, Soja und Salz vermischen und über den Fisch gießen. 30 Minuten marinieren lassen. Das Öl erhitzen und die Zwiebel 2 Minuten anbraten. Fügen Sie die Pilze hinzu und braten Sie weiter, bis die Zwiebeln weich, aber nicht braun sind. Den Fisch und die Marinade dazugeben, aufkochen und zugedeckt 5 Minuten garen. Brühe hinzufügen, zum Kochen bringen, abdecken und 15

Minuten kochen lassen. Den Tofu dazugeben und mit Salz und Pfeffer würzen. Kochen, bis der Tofu fertig ist.

Tomatensuppe

Für 4 Personen

400 g Dosentomaten, abgetropft und gehackt
1,2 l / 2 pt / 5 dl Hühnerbrühe
1 Scheibe Ingwer, fein gehackt
15 ml / 1 Esslöffel Sojasauce
15 ml / 1 Esslöffel Chilisauce
10 ml / 2 Teelöffel Zucker

Alle Zutaten in einen Topf geben und unter gelegentlichem Rühren aufkochen. Vor dem Servieren etwa 10 Minuten kochen lassen.

Tomatensuppe und Spinatsuppe

Für 4 Personen

1,2 l / 2 pt / 5 dl Hühnerbrühe

225 g zerdrückte Tomaten aus der Dose

225 g Tofu, gewürfelt

225 Gramm Spinat

30 ml / 2 Esslöffel Sojasauce

Salz und frisch gemahlener Pfeffer

2,5 ml / ½ Teelöffel Zucker

2,5 ml / ½ Teelöffel Reiswein oder trockener Sherry

Die Brühe zum Kochen bringen, dann Tomaten, Tofu und Spinat hinzufügen und 2 Minuten kochen lassen. Die restlichen Zutaten hinzufügen und 2 Minuten köcheln lassen, gut vermischen und servieren.

Rübensuppe

Für 4 Personen

1 l Hühnerbrühe

1 große Rübe, in dünne Scheiben geschnitten

200 g mageres Schweinefleisch, in dünne Scheiben geschnitten

15 ml / 1 Esslöffel Sojasauce

60 ml / 4 Esslöffel Cognac

Salz und frisch gemahlener Pfeffer

4 Schalotten, fein gehackt

Die Brühe zum Kochen bringen, Rüben und Schweinefleisch dazugeben, zugedeckt 20 Minuten garen, bis die Rüben weich und das Fleisch gar ist. Sojasauce und Cognac-Gewürze nach Geschmack mischen. Warm kochen und mit Schalotten bestreut servieren.

Suppe

Für 4 Personen

6 getrocknete chinesische Pilze
1 l / 1¾ pt / 4¼ Tassen Gemüsebrühe
50 g Bambussprossen in Streifen schneiden
50 g Wasserkastanien, in Scheiben geschnitten
8 Zuckerschoten, in Scheiben geschnitten
5 ml / 1 Teelöffel Sojasauce

Die Pilze 30 Minuten in lauwarmem Wasser einweichen und anschließend abtropfen lassen. Entfernen Sie die Stiele und schneiden Sie die Kappen in Streifen. Mit Bambussprossen und Wasserkastanien in die Brühe geben und zum Kochen bringen, abdecken und 10 Minuten kochen lassen. Zuckerschoten und Soja hinzufügen, abdecken und 2 Minuten köcheln lassen. Vor dem Servieren 2 Minuten stehen lassen.

vegetarische Suppe

Für 4 Personen

¼ Kohl

2 Karotten

3 Stangen Sellerie

2 Frühlingszwiebeln (Schalotten)

30 ml / 2 Esslöffel Arachisöl (Erdnüsse).

1,5 l / 2½ pt / 6 Tassen Wasser

15 ml / 1 Esslöffel Sojasauce

15 ml / 1 EL Reiswein oder trockener Sherry

5 ml / 1 Teelöffel Salz

frisch gemahlener Pfeffer

Das Gemüse in Streifen schneiden. Das Öl erhitzen und das Gemüse 2 Minuten braten, bis es weich wird. Die restlichen Zutaten hinzufügen, aufkochen und zugedeckt 15 Minuten köcheln lassen.

Kressesuppe

Für 4 Personen

1 l Hühnerbrühe

1 Zwiebel, fein gehackt

1 Stange Sellerie, fein gehackt

225 g Brunnenkresse, grob gehackt

Salz und frisch gemahlener Pfeffer

Brühe, Zwiebel und Sellerie zum Kochen bringen, abdecken und 15 Minuten kochen lassen. Die Brunnenkresse hinzufügen, abdecken und 5 Minuten kochen lassen. Mit Salz und Pfeffer würzen.

Gebratener Fisch mit Gemüse

Für 4 Personen

4 getrocknete chinesische Pilze

4 ganze Fische, gereinigt und ohne Schuppen

Frittieröl

30 ml / 2 Esslöffel Maismehl (Maisstärke)

45 ml / 3 Esslöffel Arachisöl (Erdnüsse).

100 g Bambussprossen in Streifen schneiden

50 g Wasserkastanien, in Streifen geschnitten

50 g Chinakohl, gehackt

2 Scheiben Ingwer, gehackt

30 ml / 2 Esslöffel Reiswein oder trockener Sherry

30 ml / 2 Esslöffel Wasser

15 ml / 1 Esslöffel Sojasauce

5 ml / 1 Teelöffel Zucker

120 ml / 4 fl oz / ¬Ω Tasse Fischbrühe

Salz und frisch gemahlener Pfeffer

¬Ω Kopfsalat, gerieben

15 ml / 1 Esslöffel gehackte Petersilienblätter

Die Pilze 30 Minuten in lauwarmem Wasser einweichen und anschließend abtropfen lassen. Die Stiele entfernen und die Köpfe abschneiden. Den Fisch in die Mitte streuen

Maismehl hinzufügen und überschüssiges abschütteln. Erhitzen Sie das Öl und braten Sie den Fisch etwa 12 Minuten lang, bis er gar ist. Auf saugfähigem Papier abtropfen lassen und warm halten.

Das Öl erhitzen und die Pilze, Bambussprossen, Wasserkastanien und Weißkohl 3 Minuten anbraten. Ingwer, Wein oder Sherry, 15 ml/1 EL Wasser, Soja und Zucker hinzufügen und 1 Minute braten. Brühe, Salz und Pfeffer hinzufügen, aufkochen, abdecken und 3 Minuten kochen lassen. Die Speisestärke mit dem restlichen Wasser vermischen, in die Pfanne gießen und unter Rühren kochen, bis die Soße eindickt. Den Salat auf einen Teller geben und den Fisch darauf legen. Gemüse und Soße darübergießen und mit Petersilie garniert servieren.

Ganzer gebratener Fisch

Für 4 Personen

1 großer Barsch oder ähnlicher Fisch

45 ml / 3 Esslöffel Maismehl (Maisstärke)

45 ml / 3 Esslöffel Arachisöl (Erdnüsse).

1 gehackte Zwiebel

2 Knoblauchzehen, gehackt

50 g Schinken in Streifen schneiden

100 g geschälte Garnelen

15 ml / 1 Esslöffel Sojasauce

15 ml / 1 EL Reiswein oder trockener Sherry

5 ml / 1 Teelöffel Zucker

5 ml / 1 Teelöffel Salz

Den Fisch mit der Maisstärke bestreichen. Das Öl erhitzen und die Zwiebel und den Knoblauch darin goldbraun braten. Den Fisch dazugeben und von beiden Seiten goldbraun braten. Den Fisch auf Alufolie in eine Auflaufform legen und mit Schinken und Garnelen belegen. Sojasauce, Wein oder Sherry, Zucker und Salz in die Pfanne geben und gut vermischen. Über den Fisch gießen, die Folie verschließen und im vorgeheizten Backofen bei 150 °C / 300 °F / Gasstufe 2 20 Minuten backen.

Geschmorter Sojafisch

Für 4 Personen

1 großer Barsch oder ähnlicher Fisch
Salzig
50 g / 2 oz / ¬Ω Tasse Allzweckmehl.
60 ml / 4 Esslöffel Arachisöl (Erdnüsse).
3 Scheiben Ingwerwurzel, gehackt
3 Frühlingszwiebeln (Frühlingszwiebeln), gehackt
250 ml / 8 Flüssigunzen / 1 Tasse Wasser
45 ml / 3 Esslöffel Sojasauce
15 ml / 1 EL Reiswein oder trockener Sherry
2,5 ml / ¬Ω Teelöffel Zucker

Den Fisch säubern, herausnehmen und auf beiden Seiten schräg einschneiden. Mit Salz bestreuen und 10 Minuten stehen lassen. Das Öl erhitzen und den Fisch von beiden Seiten goldbraun braten, dabei einmal wenden und während des Garens mit Öl beträufeln. Ingwer, Frühlingszwiebel, Wasser, Soja, Wein oder Sherry und Zucker hinzufügen, aufkochen, abdecken und 20 Minuten köcheln lassen, bis der Fisch gar ist. Heiß oder kalt servieren.

Sojafisch in Austernsauce

Für 4 Personen

1 großer Barsch oder ähnlicher Fisch

Salzig

60 ml / 4 Esslöffel Arachisöl (Erdnüsse).

3 Frühlingszwiebeln (Frühlingszwiebeln), gehackt

2 Scheiben Ingwer, gehackt

1 Knoblauchzehe, zerdrückt

45 ml / 3 Esslöffel Austernsauce

30 ml / 2 Esslöffel Sojasauce

5 ml / 1 Teelöffel Zucker

250 ml / 8 fl oz / 1 Tasse Fischbrühe

Den Fisch säubern, schuppen und auf jeder Seite mehrere diagonale Schnitte machen. Mit Salz bestreuen und 10 Minuten stehen lassen. Den größten Teil des Öls erhitzen und den Fisch darin von beiden Seiten goldbraun anbraten, dabei einmal wenden. In der Zwischenzeit das restliche Öl in einer separaten Pfanne erhitzen und die Frühlingszwiebeln, den Ingwer und den Knoblauch darin goldbraun braten. Austernsauce, Soja und Zucker hinzufügen und 1 Minute braten. Die Brühe hinzufügen und zum Kochen bringen. Die Mischung zum Seeigel gießen, aufkochen und zugedeckt ca. 10 Min. köcheln lassen.

15 Minuten, bis der Fisch fertig ist; Während des Kochens ein- oder zweimal wenden.

gedämpfter Seebarsch

Für 4 Personen

1 großer Barsch oder ähnlicher Fisch

2,25 l / 4 Stück / 10 Gläser Wasser

3 Scheiben Ingwerwurzel, gehackt

15 ml / 1 Esslöffel Salz

15 ml / 1 EL Reiswein oder trockener Sherry

30 ml / 2 Esslöffel Arachisöl (Erdnüsse).

Den Fisch säubern, entschuppen und auf beiden Seiten mehrmals schräg einschneiden. Kochen Sie das Wasser in einem großen Topf und geben Sie die restlichen Zutaten hinzu. Tauchen Sie den Fisch in Wasser, decken Sie ihn gut ab, schalten Sie den Herd aus und lassen Sie ihn 30 Minuten lang stehen, bis der Fisch gar ist.

Geschmorter Fisch mit Pilzen

Für 4 Personen

4 getrocknete chinesische Pilze

1 großer Karpfen oder ähnlicher Fisch

Salzig

45 ml / 3 Esslöffel Arachisöl (Erdnüsse).

2 Frühlingszwiebeln (Frühlingszwiebeln), gehackt

1 Scheibe Ingwer, fein gehackt

3 Knoblauchzehen, gehackt

100 g Bambussprossen in Streifen schneiden

250 ml / 8 fl oz / 1 Tasse Fischbrühe

30 ml / 2 Esslöffel Sojasauce

15 ml / 1 EL Reiswein oder trockener Sherry

2,5 ml / ¬Ω Teelöffel Zucker

Die Pilze 30 Minuten in lauwarmem Wasser einweichen und anschließend abtropfen lassen. Die Stiele entfernen und die Köpfe abschneiden. Den Fisch auf beiden Seiten mehrmals schräg einschneiden, mit Salz bestreuen und 10 Minuten ruhen lassen. Das Öl erhitzen und den Fisch darin von beiden Seiten goldbraun braten. Frühlingszwiebeln, Ingwer und Knoblauch hinzufügen und 2 Minuten braten. Weitere Zutaten hinzufügen, zum Kochen bringen und abdecken

und 15 Minuten köcheln lassen, bis der Fisch gar ist, dabei ein- oder zweimal wenden und gelegentlich umrühren.

süßer und saurer Fisch

Für 4 Personen

1 großer Barsch oder ähnlicher Fisch

1 geschlagenes Ei

50 g Maismehl (Maisstärke)

Frittieröl

Für die Soße:

15 ml / 1 Esslöffel Arachidöl (Erdnussöl).

1 grüne Paprika, in Streifen geschnitten

100 g Dosenananas in Sirup

1 Zwiebel, geviertelt

100 g brauner Zucker

60 ml / 4 Esslöffel Hühnerbrühe

60 ml / 4 Esslöffel Essig

15 ml / 1 Esslöffel Tomatenpüree √ © e (Paste)

15 ml / 1 Esslöffel Maismehl (Maisstärke)

15 ml / 1 Esslöffel Sojasauce

3 Frühlingszwiebeln (Frühlingszwiebeln), gehackt

Den Fisch säubern und ggf. Flossen und Kopf entfernen. Tauchen Sie es in das geschlagene Ei und dann in die Maisstärke. Das Öl erhitzen und den Fisch darin braten, bis er gar ist. Gut abtropfen lassen und warm halten.

Für die Soße das Öl erhitzen und die Paprika, die abgetropfte Ananas und die Zwiebel darin 4 Minuten lang anbraten, bis sie braun sind. 30 ml/2 Esslöffel Ananassirup, Zucker, Brühe, Essig, Tomatenpüree, Speisestärke und Sojasauce hinzufügen und unter Rühren aufkochen. Bei schwacher Hitze unter Rühren köcheln lassen, bis die Sauce klar wird und eindickt. Über den Fisch gießen und mit Frühlingszwiebeln bestreut servieren.

Mit Schweinefleisch gefüllter Fisch

Für 4 Personen

1 großer Karpfen oder ähnlicher Fisch

Salzig

100 g gehacktes Schweinefleisch (Hackfleisch).

1 Frühlingszwiebel (Frühlingszwiebel), gehackt

4 Scheiben Ingwerwurzel, gehackt

15 ml / 1 Esslöffel Maismehl (Maisstärke)

60 ml / 4 Esslöffel Sojasauce

15 ml / 1 EL Reiswein oder trockener Sherry

5 ml / 1 Teelöffel Zucker

75 ml / 5 Esslöffel Arachidöl (Erdnussöl).

2 Knoblauchzehen, gehackt

1 Zwiebel, gehackt

300 ml / ¬Ω pt / 1¬° Tasse Wasser

Den Fisch säubern, entschuppen und mit Salz bestreuen. Schweinefleisch, Frühlingszwiebeln, etwas Ingwer, Speisestärke, 15 ml Sojasauce, Wein oder Sherry und Zucker vermischen und den Fisch damit füllen. Das Öl erhitzen und den Fisch von beiden Seiten goldbraun braten, aus der Pfanne nehmen und den größten

Teil des Öls abtropfen lassen. Den restlichen Knoblauch und Ingwer dazugeben und goldbraun braten.

Restliche Sojasauce und Wasser dazugeben, aufkochen und 2 Minuten kochen lassen. Den Fisch wieder in die Pfanne geben, abdecken und etwa 30 Minuten köcheln lassen, bis der Fisch gar ist, dabei ein- oder zweimal wenden.

Langsam gegarter, würziger Karpfen

Für 4 Personen

1 großer Karpfen oder ähnlicher Fisch
150 ml / ¬° pt / Tasse reichlich ¬Ω Erdnussöl (Erdnuss).
15 ml / 1 Esslöffel Zucker
2 Knoblauchzehen, gehackt
100 g Bambussprossen, in Scheiben geschnitten
150 ml / ¬° pt / gute ¬Ω Tasse Fischbrühe
15 ml / 1 EL Reiswein oder trockener Sherry
15 ml / 1 Esslöffel Sojasauce
2 Frühlingszwiebeln (Frühlingszwiebeln), gehackt
1 Scheibe Ingwer, fein gehackt
15 ml / 1 Esslöffel gesalzener Essig

Den Fisch säubern, von Schuppen befreien und mehrere Stunden in kaltem Wasser einweichen. Lassen Sie sie abtropfen und trocknen und schneiden Sie dann jede Seite mehrmals ein. Das Öl erhitzen und den Fisch von beiden Seiten anbraten, bis er hart wird. Aus der Pfanne nehmen, hineingießen und alles bis auf 30 ml/2 Esslöffel Öl aufheben. Den Zucker in die Pfanne geben und rühren, bis er schwarz wird. Knoblauch und Bambussprossen hinzufügen und gut vermischen. Die restlichen Zutaten hinzufügen, aufkochen lassen, den Fisch zurück in die Pfanne geben und zugedeckt etwa 15 Minuten köcheln lassen, bis der Fisch gar ist.

Legen Sie den Fisch in eine warme Schüssel und gießen Sie die Soße darüber.

www.ingramcontent.com/pod-product-compliance
Lightning Source LLC
Chambersburg PA
CBHW050151130526
44591CB00033B/1253